ÉTUDE

SUR LA

SOLIDARITÉ

PAR

M. GÉRARDIN

PROFESSEUR A LA FACULTÉ DE DROIT DE PARIS

PARIS

L. LAROSE ET FORCEL

Libraires-Editeurs

22, RUE SOUFFLOT, 22

1885

ÉTUDE

SUR LA

SOLIDARITÉ

Extrait de la *Nouvelle Revue historique de Droit français et étranger*.

IMPRIMERIE
CONTANT-LAGUERRE
LVX VITAM
CL
BAR-LE-DUC

ÉTUDE

SUR LA

SOLIDARITÉ

PAR

M. GÉRARDIN

PROFESSEUR A LA FACULTÉ DE DROIT DE PARIS

—⟨❈⟩—

PARIS

L. LAROSE ET FORCEL

Libraires-Editeurs

22, RUE SOUFFLOT, 22

1884

ÉTUDE

SUR

LA SOLIDARITÉ.

Si quelques institutions de droit civil, en passant des Romains dans nos lois, ont changé de caractère et de destination, sans changer de nom, beaucoup d'autres, en plus grand nombre, sont demeurées ce qu'elles étaient. Pour des raisons faciles à apercevoir, cette permanence se rencontre surtout dans le domaine des *Obligations*, quoi qu'en ait paru dire notre cher et regretté collègue et ami M. Gide, au début de ses remarquables *Études sur la Novation*. Je voudrais essayer de démontrer cette proposition sur la *Solidarité de la part des débiteurs*. Deux ou plusieurs personnes sont obligées *à une même chose*, de manière que chacune d'elles peut être contrainte par le créancier pour la totalité (*solidum debiti*), et que le paiement fait par l'une les libère toutes : les Romains disaient de ces débiteurs qu'ils étaient *rei promittendi, rei debendi* : nous disons qu'il y a *solidarité* entre eux, qu'ils sont des débiteurs *solidaires*. Cette espèce d'obligation, dans son but et ses caractères essentiels, est telle encore que la jurisprudence romaine l'avait construite. Des quelques modifications qu'elle a subies, les unes ne sont que secondaires, les autres des conséquences de principes généraux, différents dans les deux législations : la solidarité n'a pas subi une profonde transformation, comme le pensent quelques jurisconsultes modernes, ou elle n'a subi d'autres transformations que celles qui ont frappé les obligations en général (V. notamment Demolombe : *Oblig.*, t. III, n° 119).

Aussi pour désigner l'institution en droit romain, je me garderai d'employer l'expression aujourd'hui si usitée, de *Corréalité*, et je me contenterai de la locution du Code civil : car les principes énoncés dans les *articles* 1200 *et suivants* correspondent aux mêmes idées que celles des Romains.

A cette situation, de beaucoup la plus fréquente, on a pris l'habitude de comparer et d'opposer un autre état qu'il est facile de confondre avec le premier, à cause de certains effets communs. Deux ou plusieurs personnes ont commis ensemble un délit ou un quasi-délit civil; d'après une jurisprudence et une doctrine presque unanimes, ces personnes sont, aujourd'hui, déclarées chacune pour le tout, responsables des dommages-intérêts dus à la partie lésée : celle-ci a le droit, comme si elle avait des débiteurs solidaires, de réclamer à l'un quelconque des auteurs du fait illicite la totalité de l'indemnité, la réparation intégrale du préjudice qui lui a été causé, et le paiement de cette indemnité, émané de l'un, les libère tous. Nous n'avons, là encore, qu'une tradition des lois romaines : comme sur la solidarité, nous avons suivi fidèlement les idées des Romains. Ils disaient de ces débiteurs qu'ils étaient tenus *in solidum* : ils ne les qualifiaient plus de *rei promittendi*. Les modernes ont caractérisé la situation par les expressions d'obligation *in solidum*, solidarité simple ou imparfaite. La dénomination importe peu : ce qu'il est nécessaire de rechercher, c'est la raison d'être, la base et les effets de chacun de ces deux états, de la solidarité d'une part (corréalité des auteurs modernes) et de la responsabilité pour le tout ou collective (solidarité imparfaite, obligation *in solidum*) (1).

(1) Dans ses Appendices si lumineux aux *Instituts d'Ortolan*, notre éminent collègue, M. Labbé, appelle l'une des situations *solidarité artificielle, obligation solidaire corréale*, et l'autre, *solidarité naturelle, ou simple*. Pour éviter toute confusion, je crois préférable de ne pas étendre au cas de responsabilité le mot *solidaire, solidarité*, qui a pris aujourd'hui un sens technique (*Instituts d'Ortolan*, 12° édit., t. III, p. 818 et s.).

I. De la solidarité.

La solidarité est une des institutions, imaginées par la pratique, et organisées par la loi pour procurer au débiteur du crédit, et au créancier une sécurité que la promesse de son débiteur est impuissante à lui donner : elle constitue, comme le cautionnement, un procédé de sûreté personnelle; accessoirement elle facilite au créancier le recouvrement de ce qui lui est dû. Deux ou plusieurs personnes, ordinairement en communauté d'intérêts, associés, copropriétaires, époux, ont besoin d'emprunter ou d'acheter à crédit : si chacune d'elles, isolément, inspire confiance, elles s'obligeront divisément dans la mesure de l'intérêt qu'elles ont à l'opération : l'obligation de chacune n'aura pas d'autre étendue, d'autre objet que l'utilité retirée par elle du contrat : celui des emprunteurs qui n'aura touché que le tiers de la somme avancée, ne sera débiteur que de ce tiers. Mais le capitaliste se défie, et exige une garantie : au lieu de réclamer de celui ou de ceux dont il redoute l'insolvabilité, des cautions, débiteurs accessoires, au lieu de faire engager tous ses emprunteurs comme cautions les uns des autres pour ce qui excède leur intérêt dans l'affaire, il leur impose la nécessité de s'obliger en qualité de débiteurs principaux, comme si chacun d'eux avait reçu la totalité de la somme et avait seul intérêt à l'opération; « *utriusque fidem in solidum sequi vult :* » *fiunt duo rei promittendi.* Ils sont des débiteurs solidaires : l'obligation de chacun est à peu près aussi étendue et complète que s'il avait contracté seul. Le créancier est dispensé de former plusieurs demandes, il échappe à des paiements divisés, et surtout il se met à l'abri de l'insolvabilité possible de l'un de ses débiteurs : il lui suffit qu'il en reste un de solvable pour que la dette soit intégralement acquittée.

A l'époque très reculée, où le cautionnement ne se donnait que sous forme d'*adpromissio*, de stipulation, et où les cautions n'avaient pas reçu les droits et les faveurs dont elles furent plus tard gratifiées, il n'y avait pas de différence bien considérable entre le cautionnement et la solidarité : le débiteur principal et la caution étaient, comme les débiteurs solidaires, *duo rei ejusdem obligationis* (V. Papinien, *f.* 116 de *V. O.*, XLV, 1). Sauf le caractère viager de l'obligation du *sponsor* et du *fidepromissor*, caractère qu'il me paraît difficile d'expliquer autrement que par des considérations politiques, que je regarderais volontiers comme une dérogation apportée après coup à la pureté des principes (1), et qu'il était d'ailleurs facile d'écarter en fait, en exigeant un certain nombre de cautions, l'engagement de la caution n'était pas, pour le créancier, d'une valeur inférieure à celle du débiteur solidaire.

Mais à mesure que la nature accessoire de l'obligation de la caution s'est plus nettement accusée, et que la condition des cautions s'est adoucie, la supériorité de la solidarité sur le cautionnement s'est accentuée ; et c'est alors sans doute que la pratique, détournant la première de sa destination normale, suggéra aux créanciers la pensée d'y recourir, là où l'affaire ne concernait qu'un seul des débiteurs (V. Ulp., *f.* 7, § 8 *ad S. C. Maced.*, XIV, 6 ; Diocl., C. 5, *Si certum petatur*, IV, 2 ; Diocl., C. 4, *De duob. reis*, VIII, 40 ; C. civ., art. 1216, 1431). La solidarité, dans cette application, n'a plus qu'un but, soustraire le créancier aux risques d'insolvabilité de son débiteur. En pareille circonstance, toujours connue du créancier, ne serait-il pas équitable d'accorder aux débiteurs solidaires, qui sont désintéressés dans l'opération, quelques-unes au moins des faveurs octroyées à la caution ? Le législateur ne l'a pas pensé. Ces faveurs, ces bénéfices sont abandonnés à la discrétion, au bon vouloir du créancier : s'il est impitoyable et qu'il impose ses conditions, comme cela se présente assez souvent, il refusera des cautions, et exigera de son débiteur des coobligés solidaires (2).

Le cautionnement et la solidarité, tout en ayant chacun

---

(1) En déduisant ce caractère de ce que c'est un service d'ami, il serait logique de faire disparaître le cautionnement, non-seulement à la mort de la caution, mais également au décès du débiteur principal.

(2) Le cautionnement, lui aussi, peut, en droit romain, présenter cette anomalie que la caution seule soit intéressée à l'affaire : c'est le cas du fidéjusseur *in rem suam :* le débiteur principal rend un service à la caution : c'est un expédient imaginé après coup, notamment pour atténuer les inconvénients du principe de la non-représentation. Ce bizarre fidéjusseur ne peut pas, la raison le dit assez, jouir de tous les avantages de la caution ordinaire. V. *Labbé sur Machelard*, p. 461 et s., *Paul, f.* 24, *de pactis*, 11, 14.

une physionomie propre, leur utilité distincte, ne remplissent
pas moins la même fonction économique : ils peuvent se sup-
pléer, et il existe entre eux bien des points de ressemblance :
« La solidarité est une forme perfectionnée de cautionnement » (Hauriou, *Origine de la corréalité; Nouv. Rev. histor.*,
1882, p. 227). Au fond, chaque débiteur solidaire est caution
pour partie de son codébiteur, dit Mourlon, *Subrog. pers.*,
p. 108. Les Romains l'avaient déjà bien aperçu (V. *Val. et
Gal.*, C. 13 *De locato*, IV, 65) : en l'absence de solidarité,
chaque locataire ne peut être actionné *alieno nomine :* quand
il y a solidarité, chacun peut être actionné *et suo et alieno
nomine*, et le sens de la formule *alieno nomine* nous est donné
par Gaius, *f.* 1, § 8 *de O. et A.* XLIV, 7. Le fidéjusseur
s'oblige *alieno nomine*, dans l'intérêt d'autrui.

Ainsi l'une et l'autre s'offrent à nous comme des modalités,
des accidents dans la formation des obligations, des dérogations
apportées par la volonté humaine à ce qui constitue la situation
normale. Quand je m'oblige envers quelqu'un sans y être déterminé par un sentiment de libéralité envers lui, mon engagement trouve sa cause toute naturelle dans l'avantage pécuniaire que j'attends ou que je retire de mon créancier, et il
a pour mesure cet avantage. Telle ne se présente pas à nous
l'obligation de la caution, ni celle du débiteur solidaire. « *Le
contrat qui intervient entre la caution et le créancier, n'est pas
de la classe des contrats bienfaisants....... le cautionnement ren-
ferme un bienfait à l'égard du débiteur pour qui la caution
s'oblige* » (Pothier, *Obligations*, n° 365 *in fine*). L'obligation de
la caution envers le créancier est une obligation sans cause
naturelle (1), une obligation qui n'a d'autre cause que la
volonté de la caution d'assumer *onus obligationis* envers quelqu'un pour rendre service à un autre. S'il y a un procédé
qui se prête bien à la création d'un pareil engagement (et de
plusieurs autres qui offrent le même caractère, expromis-
sion, etc.), c'est la stipulation romaine, cette forme de contrat,
dans laquelle la formule tient lieu de cause, et qu'on prend

____

(1) Le Code civil n'a pas défini *la cause;* il s'est référé à Pothier, *Obligat.*,
n° 42, et pour Pothier, la cause, élément de toute obligation contractuelle,
c'était l'avantage juridique (pécuniaire) que le débiteur acquiert, ou l'intention de libéralité.

avec grande raison l'habitude d'appeler : *contrat formel* ou *formaliste*. L'obligation, d'ailleurs, c'est pour les Romains, *personæ obligatio*, un acte par lequel je dispose de ma personne, plus que de mon patrimoine : les voies d'exécution forcée portaient originairement sur la personne du débiteur : le *filiusfamilias* a une personne complète en dehors de la *domus*, dont il est un des membres : il s'oblige *tanquam ut paterfamilias*, bien qu'il n'ait pas de patrimoine personnel. Celui qui s'oblige est libre de disposer de sa personne pour une cause quelconque.

Cette particularité que nous constatons dans le cautionnement, se retrouve dans la solidarité : aussi accentuée, quand la dette solidaire ne regarde que l'un des obligés : vis-à-vis des autres, l'obligation est dépourvue de cause. Quand l'affaire est commune à tous, aucune pensée de libéralité ne les inspire : s'ils s'obligent au tout, c'est pour obtenir un crédit partiel, qui manquerait à chacun traitant isolément : en ce sens, leur engagement est intéressé. Mais chacun ne s'oblige pas moins au delà de l'avantage que lui a procuré le contrat. La cause naturelle de leur engagement les conduirait à être des débiteurs conjoints : pour ce qui excède la valeur par eux retirée de l'opération, leur obligation n'a plus de cause : comme celle de la caution, elle n'a qu'une cause légale, utilitaire, l'intérêt à ce que les affaires soient facilitées par l'accession d'une sûreté personnelle, cautionnement ou solidarité, à ce que les hommes puissent se prêter mutuellement leur crédit.

De ce caractère commun aux deux procédés, les Romains et plusieurs législations modernes ont conclu que le cautionnement et la solidarité ne doivent pas se présumer : quand il y a doute sur la volonté des parties, on applique le droit commun, l'absence d'engagement pour la caution, la division pour ceux qui s'obligent ensemble dans un intérêt commun : (Ulp., *f.* 29 *De solut.*, XLVI, 3 ; Pap., *f.* 11, § 2, *De duob. reis*, XLV, 2 ; C. civ., art. 1202, 2015). Mais la pratique a démontré que quand plusieurs personnes s'obligent dans une affaire commune, le créancier ne manque jamais d'exiger d'elles la solidarité, qui devient une clause de style. Le Code prussien de 1794 (*Allgemeines Landrecht für die preussischen*

Staaten, part. I, tit. v, §§ 424 et s.), décide que, sauf déclaration contraire, la solidarité est présumée dans tous les contrats où plusieurs personnes s'obligent dans un intérêt commun. En matière commerciale, la solidarité se présume également depuis des siècles déjà (V. les autorités citées par Rodière, *de la Solidarité*, n° 234), et beaucoup de jurisconsultes modernes, s'appuyant sur la tradition, enseignent qu'il y a solidarité, sans clause spéciale, entre commerçants qui contractent ensemble pour fait de commerce (Boistel, *Précis de droit commercial*, n° 435; Lyon-Caen et Renault, *Précis de droit commercial*, n°ˢ 333, 597). Le Code de commerce allemand, art. 280, en a une disposition expresse.

L'obligation qui résulte du cautionnement, n'a pas de cause propre. Elle n'a pas non plus d'*objet* qui lui soit propre : ce que doit la caution, c'est ce que doit le débiteur principal. « L'objet de l'*adpromissio* est nécessairement identique à l'objet de l'obligation principale » (Accarias, *Précis*, n° 557). « *Idem fide tua esse jubes? Idem fidejubeo* » (Gaius, C. III, § 116). Quand le débiteur principal doit un prix de vente, un compte de tutelle, une amende à raison d'un délit par lui commis, la caution, le fidéjusseur doit égalemént un prix de vente, un compte de tutelle, une amende. Aussi tout obligée qu'elle est en vertu d'un contrat de droit strict, d'une stipulation, elle n'aura pas besoin de faire insérer une exception dans la formule d'action, si elle entend soutenir *in judicio*, que la dette de l'acheteur doit se compenser jusqu'à due concurrence avec une obligation corrélative (*ex eadem causa*) dont le vendeur est tenu à raison de négligences par lui commises dans la garde de la marchandise (Cpr. Gide, *Novat.*, p. 213). En revanche, tout ce que doit le débiteur principal, la caution le doit également. Le débiteur d'un capital en argent, l'acheteur, doit des intérêts *ex nudo pacto, ex mora* : le fidéjusseur les doit également, bien que celui qui s'oblige à une somme d'argent par un contrat de droit strict, ne doive d'intérêt ni *ex pacto*, ni *ex mora* (1).

______

(1) Cette identité d'objet des deux obligations, principale et accessoire, ne se rencontre pas avec la même rigueur dans tous les procédés de garantie personnelle pratiqués à Rome : aussi, Gide, *op. cit.*, p. 129 et 150, a-t-il

La solidarité consiste également en ce que le rapport juridique, multiple par les liens, composé d'autant de *vincula* qu'il y a de débiteurs, est unique quant à son objet.

L'obligation solidaire est multiple par les liens qu'elle contient : l'un des débiteurs peut être engagé purement et simplement, l'autre, l'être à terme ou sous condition ; la prescription courra au profit du premier : elle ne courra pas au profit du second. L'un des liens peut être civil, l'autre naturel seulement. L'une des obligations peut être seule garantie par une caution (Julien, *f.* 6, § 1 *De duob. reis*). Les deux obligations peuvent être, séparément et distinctemeut, fortifiées par des cautions, qui ne seront pas des cofidéjusseurs. Le créancier poursuivant l'un d'eux, ne pourra pas se voir opposer par lui le bénéfice de division (Pap., *f.* 51, § 2 *De fidej.*, XLVI, 1). En se plaçant à ce point de vue, certains jurisconsultes ont pu dire qu'il y avait dans la solidarité pluralité d'obligations (v. not. Ulp., *f.* 5 *De fidej. in fine* ; *Inst.*, III, 16, § 1 : « *In utraque obligatione* »).

Mais toutes ces obligations se rattachent l'une à l'autre en ce qu'elles ont toutes un seul et même objet : « *una res vertitur,* » dit Justinien (*Inst.*, III, 16, § 1), tous les débiteurs sont tenus d'une seule prestation, ils sont *rei ejusdem debiti, ejusdem pecuniæ;* et c'est en envisageant sous cette autre face la situation, que les Romains ont pu dire : *una est obligatio, duo sunt rei ejusdem obligationis* (Ulp., *f.* 16, *De acceptil.*, XLVI, 4).

Pothier, *Obligat.*, n° 263, s'inspirant de ces fragments, disait : « Il faut surtout que les débiteurs (pour être solidaires) se soient obligés à la prestation de *la même chose.* » L'article 1200 du Code civil a reproduit la même idée : « Il y a solidarité de la part des débiteurs, lorsqu'ils sont obligés *à une même chose.....* » L'unité d'objet ou de prestation n'est donc pas une conception particulière à la législation romaine ; elle ne tient pas à la nature de l'action qui sanctionne cette obligation (Demangeat, *Oblig. solid.*, p. 99, en note), à la forme

---

bien raison de qualifier la convention de constitut (j'ajoute le *mandatum pecuniæ credendæ*), de *quasi-cautionnement*, et de dire que la *fidejussio indemnitatis* n'est pas une vraie *fidejussio*.

du contrat (Hauriou, *op. cit.*) : elle constitue le caractère propre et distinctif de la solidarité, aujourd'hui comme autrefois. La créance de celui qui a plusieurs débiteurs solidaires (ou un débiteur principal et un ou plusieurs fidéjusseurs), est unique quant à son objet; l'intérêt qu'il a est unique, et les créances contractuelles ont pour destination de permettre aux hommes de donner satisfaction à leurs intérêts pécuniaires (§ 19, *Inst. de Justin.*, liv. III, tit. xix). Ici un seul intérêt est en jeu pour le créancier : il n'a prêté qu'une somme de 100 et il ne peut être créancier que de 100 : il n'a vendu qu'une marchandise et ne peut être créancier que d'un prix. Cela est si vrai que, s'il est nécessaire de dresser l'inventaire de la fortune du créancier, la créance qu'il a contre plusieurs, ne figurera qu'une fois au tableau de l'actif. Son droit (*Vermögenstoff*, disent des auteurs allemands) doit être un également (1).

En l'absence de ce caractère, il n'y aura pas solidarité. Deux obligations qui n'ont pas le même objet, fussent-elles contractées ensemble, ne sont pas des obligations solidaires. Ayant besoin d'une maison dans la ville où je vais aller fixer ma résidence, je me suis fait promettre par Paul la maison A, par Pierre la maison B. Paul et Pierre ne sont pas des débiteurs solidaires. Le paiement fait par l'un de sa promesse, peut bien avoir pour effet de libérer l'autre, plus exactement de le dégager de la promesse conditionnelle qu'il m'avait consentie. Mais mes débiteurs ne sont pas des débiteurs solidaires, parce qu'ils ne doivent pas la même

(1) La matière de la solidarité a fait, en Allemagne, le sujet de nombreuses monographies : la dernière est une étude du Dr Unger, président du Reichsgericht, à Vienne, dans les *Jahrbücher für die Dogmatik des heutigen römischen und deutschen Privatrechts*, t. XXXII, p. 207. Les uns, c'est le plus grand nombre, font prédominer dans l'obligation solidaire (corréalité) l'idée d'unité : Les autres, la notion de la pluralité d'obligations. D'autres (Fitting) font intervenir l'idée d'alternative : celui-là seul sera débiteur qui sera choisi (*electus*) par le créancier, comme dans une obligation alternative, l'objet unique de l'obligation, c'est celle des prestations, choisie par le débiteur ou le créancier (V. le résumé des points de vue, très divers, imaginés pour expliquer la solidarité dans *Arndts,* Pandekten, § 213, notes 5 et 6). Le Dr Unger voit dans l'obligation corréale une unité collective, un groupe, un ensemble d'obligations, formant un tout, comme le quadrige forme un tout, bien qu'il comprenne plusieurs têtes.

chose : il n'y a pas *unum et idem debitum*. La demande en justice, dirigée contre l'un, ne produirait aucun effet, ni favorable, ni défavorable à l'égard de l'autre.

Désireux d'acquérir la maison A, dont la propriété est contestée entre Paul et Pierre, je traite avec l'un et l'autre; je me suis fait consentir deux promesses de vente : il est entendu que je n'exigerai que la réalisation de l'une d'elles, de celle souscrite par celui qui sera reconnu propriétaire. J'ai deux créances conditionnelles; mais je n'ai pas deux débiteurs solidaires; ils me doivent la même chose matérielle, mais non pas la même prestation juridique (*Adde* Gide, *op. cit.*, p. 138 et s. : l'auteur montre bien que l'identité d'objet matériel n'est pas synonyme d'identité d'objet juridique).

Papinien (*f.* 9, § 1, *De duob. reis*) se demande s'il y aura *idem debitum* et solidarité, quand les deux obligés, dépositaires dans l'espèce de la même chose, ont assumé pour la garde de la chose une responsabilité différente : l'un d'eux ne doit répondre que de son dol ; l'autre s'est engagé à répondre de ses fautes. Le jurisconsulte, non sans hésitation, refuse de voir là deux débiteurs solidaires : leurs engagements sont *impares*. J'ai quelque peine à admettre cette décision et à la transporter dans notre droit. « Il n'est pas nécessaire, dit M. Demolombe, n° 204, que chacun des débiteurs solidaires doive exactement autant que son codébiteur. » Pierre et Paul empruntent 20,000 fr., et la solidarité n'est pour Pierre stipulée que jusqu'à concurrence de 10,000 fr. Paul doit 20,000 fr., Pierre n'en doit que 10,000; ils sont solidaires dans les limites de cette somme. De même nos deux dépositaires sont solidaires pour les faits de dol : le dol commis par l'un rejaillira sur l'autre. Mais pour les simples fautes, la solidarité n'existe plus : il y a retour au principe de droit naturel, d'après lequel chacun ne doit répondre que des fautes qui lui sont personnelles.

Le phénomène d'une dette commune à plusieurs et ayant un seul et même objet, se rencontre également dans l'obligation indivisible quand il y a pluralité de débiteurs. Tous les débiteurs d'une prestation indivisible doivent *idem* : ils le doivent *in solidum*, et le paiement fait par l'un les libère tous. Mais cette seconde situation diffère de la précédente, surtout quand l'obligation est indivisible à raison de la nature indivisible de son objet. Ici l'indivisibilité n'est plus une modalité : elle tient à l'essence même des choses : le contraire ne pourrait pas se supposer. Il n'est pas au pouvoir de l'homme de décomposer, même *in partes indivisas*, en fractions aliquotes, une prestation indivisible *natura*. S'il essaie de le faire, s'il se fait promettre la moitié d'une servitude prédiale, il fait un acte nul et sans valeur, parce que le *debitum* est sans utilité pécuniaire. A la différence de la moitié d'un droit de propriété ou d'usufruit, la moitié d'une servitude prédiale ne peut pas procurer au créancier une utilité proportionnelle à celle de la chose tout entière. Si la prestation, objet de l'obligation, n'a pas de valeur pécuniaire, la convention n'a pas elle-même d'utilité ; elle est dépourvue d'objet et nulle.

Mais, comme la solidarité, l'indivisibilité peut être arbitraire, conventionnelle : les parties contractantes impriment à une prestation, divisible naturellement, le caractère de l'indivisibilité : elles l'envisagent sous un rapport tel que, pour le créancier, la décomposition en fractions aliquotes enlèverait à l'obligation toute utilité sérieuse. L'indivisibilité (qualifiée *obligatione* par Dumoulin) devient une modalité de l'obligation. Elle diffère encore de la solidarité. Celle-ci est un procédé de garantie : le créancier, en l'exigeant, entend se procurer un surcroît de sûreté. L'indivisibilité donne satisfaction à un intérêt d'un autre ordre : le but poursuivi par le créancier ne peut, suivant lui, être atteint, avoir son plein effet que par le moyen de l'indivisibilité, par un accomplissement intégral de la prestation. Le débiteur solidaire, poursuivi *in solidum*, peut obtenir de ne payer qu'une partie, dans les circonstances où un débiteur unique jouirait de cette faveur (Julien, *f.* 21, *De reb. cred.*, XII, 1 ; C. civ., art. 1244). Le débiteur d'une dette indivisible, même *obligatione*, ne pourrait pas, je crois, obtenir pareil bénéfice.

Le créancier qui a deux ou plusieurs débiteurs solidaires, a contre chacun d'eux la même étendue de droits et de pouvoirs, la même puissance juridique : toutes les obligations sont, comme le disent les Romains, *ejusdem potestatis*. Le créancier peut donc diriger sa demande en paiement contre l'un quelconque de ses débiteurs (en supposant l'absence de terme et de condition), et exiger de lui seul *solidum debiti*: tel était son but, lorsqu'il a fait de la solidarité la condition du contrat qu'il concluait : il voulait éviter les inconvénients d'un paiement divisé, et diminuer les risques d'insolvabilité auxquels il était exposé : pour une créance unique dans son objet, il a exigé plusieurs débiteurs, dont chacun se trouve en face de lui, comme s'il était seul et unique obligé. Ainsi l'affaire a consisté dans une avance d'argent, un *mutuum* : le débiteur solidaire, qui n'a reçu qu'une partie de la somme (qui peut-être même n'en a rien touché, parce qu'il était désintéressé dans l'opération), ne pourra pas *de non numerata pecunia queri*, intenter la *condictio obligationis* ou opposer l'*exceptio non numeratæ pecuniæ*. Les motifs de protection, qui ont fait introduire en faveur des emprunteurs d'argent cette *querela non numeratæ pecuniæ*, n'existent pas ici : chaque codébiteur doit répondre à la demande comme s'il avait seul reçu l'intégralité de la somme prêtée (Diocl., C. 4, *De duob. reis*, VIII, 40).

Il faut toutefois se garder d'exagérer cette proposition, vraie en général, que chacun des coobligés solidaires est exposé à être par le créancier traité comme s'il était seul et unique débiteur. Le créancier ne peut pas faire absolument abstraction de ce fait qu'il a vis-à-vis de lui plusieurs débiteurs pour la même dette, pour la satisfaction du même intérêt, surtout lorsque, comme c'était le cas ordinaire à Rome, et aujourd'hui la situation toujours supposée par le législateur, il existe entre les codébiteurs une société, ou tout au moins une communauté d'intérêts, connue du créancier. Celui-ci ne peut pas par son fait porter atteinte à cette communauté, désassocier les débiteurs : il s'est enlevé ce droit en les acceptant comme débiteurs : après avoir fait avec l'un d'eux un compromis, avoir accordé à l'un d'eux, par libéralité, désistement ou transaction, une remise totale ou partielle dans la forme d'un pacte *de non petendo*, il lui est interdit de s'adresser à l'un des autres et de le poursuivre comme s'il était seul débiteur. Dans notre droit, conformément à une doctrine presque unanime, le créancier, actionnant l'un des débiteurs, est exposé à se voir opposer l'exception dilatoire de garantie.

Même en face de codébiteurs *non socii*, le créancier, poursuivant l'un d'eux, ne peut-il pas se voir repoussé, s'il refuse de lui céder ses droits et actions, et si le *negotium*, auquel s'est adjointe la solidarité, est un *negotium bonæ fidei?* ne risque-t-il pas de se voir débouté de sa demande, au moins dans la limite du préjudice par lui causé, s'il n'a pas conservé pour les céder, les droits et actions qu'il avait? Le droit du créancier contre chacun de ses débiteurs solidaires n'est donc pas aussi entier, aussi complet que s'il n'avait qu'un débiteur.

Quels sont les événements qui, se produisant dans la personne de l'un des débiteurs, réagiront en bien ou en mal sur l'obligation de ses codébiteurs? Je ne veux porter mon examen que sur trois de ces événements (1), l'*acceptilatio*, l'impossibilité d'exécution et la *litis contestatio*.

L'*acceptilatio*, consentie, *donationis aut transactionis causa*, à l'un des débiteurs obligés *verbis*, a pour effet de libérer les autres, et cet effet est nécessaire, inévitable. En vain, dans la quittance solennelle par lui donnée, le créancier aurait-il inséré des réserves : elles sont nulles et sans valeur : la formule de l'*acceptilatio* et son caractère d'acte solennel résistent à ce qu'elle puisse être ainsi restreinte, modalisée : elle opère toujours *in rem*. Ulpien au *f.* 3, § 3, *De liberat. leg.*, XXXIV, 3, le suppose : un créancier, qui avait deux débiteurs solidaires *non socii*, a légué à l'un d'eux sa libération, et *ei soli consultum voluit*. Le débiteur, créancier en vertu de son legs du droit à être libéré, ne peut pas exiger de l'héritier, son débiteur *ex legato*, une *acceptilatio*, qui entraînerait la libération de l'autre débiteur solidaire. Si des réserves avaient pu être insérées dans l'*acceptilatio*, le débiteur légataire aurait été, en vertu de son legs, créancier d'une *acceptilatio* avec réserves. Depuis que le préteur a attaché une vertu juridique à la convention de remise, au *pactum de non petendo*, le but qui ne pouvait être atteint avec l'*acceptilatio*, ou qui ne le pouvait que difficilement au moyen d'une novation et de l'ad-

---

(1) Le sujet a été traité complètement par M. Demangeat, *op. cit.*, je ne ferais, en l'exposant à nouveau, que reproduire des développements déjà présentés.

hésion du débiteur non légataire, sera réalisé à l'aide d'une convention de remise. Grâce à sa nature purement consensuelle, cette convention se plie à toutes les modalités que les parties peuvent avoir intérêt à y insérer ; le créancier, qui ne veut ou ne doit consentir de remise qu'à l'un des débiteurs solidaires, fera avec lui un pacte *in personam*.

L'exécution de l'obligation devient impossible, en totalité ou en partie : pratiquement la chose due, qui était individualisée, est détruite, détériorée par la faute ou le fait de l'un des débiteurs solidaires, ou cet événement est le résultat d'un cas fortuit, mais il s'est produit après la mise en demeure de l'un des obligés. L'autre débiteur, qui n'est ni en faute ni en demeure, reste-t-il obligé envers le créancier? quelle est l'influence des actes d'un débiteur solidaire sur l'engagement de ses codébiteurs? La question, qui est importante si le débiteur en faute ou en demeure est insolvable, est agitée depuis des siècles entre les commentateurs du droit romain, et en législation on se demande, aujourd'hui encore, quelle est la meilleure solution à lui donner. Les codébiteurs solidaires pourraient, par une clause expresse, se porter envers le créancier, garants de la faute et de la demeure les uns des autres, ou à l'inverse, écarter cette réciprocité de garantie, et ne s'obliger qu'à réparer les conséquences de leur propre faute ou demeure. Le contrat a gardé le silence : comment faut-il interpréter la volonté des parties?

Pour le cas de la mise en demeure, la décision des jurisconsultes romains est claire : faisant application du principe que dans le doute une convention doit s'interpréter en faveur du débiteur (Celsus, *f.* 99 pr., *de V. O.*, XLV, 1), ils nous disent que la mise en demeure de l'un des débiteurs solidaires ne nuit pas aux autres, que les débiteurs qui n'ont pas été mis en demeure sont libérés par l'impossibilité d'exécution, et ne sont pas garants envers le créancier des conséquences de la mise en demeure de leur codébiteur (Marcien, *f.* 32, § 4, *De usuris*, XXII, 1 ; Paul, *f.* 173, § 2, *De R. J.*, L, 17) (1).

---

(1) Si l'obligation, au lieu d'avoir pour objet une *res certa*, porte sur une somme d'argent, et qu'elle soit une obligation *bona fidæi*, la *mora* de l'un des débiteurs ne fera pas courir les intérêts contre les autres. Pothier, nº 273, le disait. Le C. civ., art. 1207, décide le contraire.

En présence d'une faute commise par l'un des débiteurs, la pensée des jurisconsultes romains se dégage beaucoup moins nettement. Pomponius (*f.* 18, *De duob. reis*, XLV, 2) a écrit (c'est le texte de tous les manuscrits) : « *Ex duobus reis ejusdem Stichi promittendi factis, alterius factum alteri quoque nocet.* » L'expression *factum* se réfère-t-elle nécessairement, ont dit des auteurs, à un acte du débiteur, qui a rendu impossible l'accomplissement de l'obligation? S'il en est ainsi, l'autre débiteur, va, au mépris de la règle d'interprétation ci-dessus énoncée, se trouver de droit garant des conséquences de la faute de son codébiteur. Le *factum alterius* peut s'entendre d'autres événements : l'un des *rei* (*socii*) avait conclu avec le créancier un *pactum de non petendo*, et puis il y renonce : il fait un *pactum de petendo* : il enlève à son codébiteur le bénéfice du premier pacte (Cf. Paul, *f.* 27, § 2, *De pactis*, II, 14). (En ce sens, *Windscheid*, *Pandekten*, § 295, note 13.) D'autres jurisconsultes allemands, préoccupés eux aussi du désir de ne pas rendre les débiteurs solidaires garants de la faute les uns des autres, conjecturent que Pomponius avait écrit *non nocet*, et que les compilateurs de Justinien ont supprimé la négation, pour mettre le fragment des Pandectes d'accord avec la C. 5 de Justinien, *De duob. reis,* VIII, 40, d'après laquelle la reconnaissance de la dette par l'un des débiteurs (*factum*) interrompt la prescription même contre les autres. Fitting, *Correal oblig.*, p. 81, 241. Sous l'influence de la même pensée, le docteur Unger (*op. cit.*) veut que les débiteurs solidaires soient de droit astreints à une surveillance réciproque, et que quand l'un d'eux commet une faute, l'autre en commette une également, qui consiste à ne pas avoir empêché son codébiteur : l'obligation du codébiteur qui n'est pas l'auteur du fait, ne serait pas une obligation de garantie, une espèce d'assurance, mais une obligation de responsabilité à raison de sa propre faute : telle serait la décision de Pomponius.

A cette dernière conjecture, on peut adresser le reproche que son auteur adresse aux précédentes : elle est quelque peu forcée. Admettons donc avec les anciens commentateurs qu'il n'y pas eu interpolation, qu'il n'est pas question dans notre texte de responsabilité, mais de garantie, et que le *factum*, c'est le fait, mettant obstacle à l'accomplissement de l'obligation (§ 16, *De legat.*, *Inst de Just.*, II, 20 ; § 2, 3ᵉ phr., *De inut. stipul.*, III, 19). Alors reste la difficulté de mettre la décision de Pomponius d'accord avec celle de Marcien et de Paul touchant l'effet de la demeure (quelques-uns ont cru à une divergence de doctrine). Les conciliations et les explications n'ont pas manqué depuis les glossateurs : elles sont trop connues pour être présentées à nouveau (V. Demangeat, *op. cit.*, p. 374 et s.; Labbé, *Étude sur quelques difficultés relatives à la perte de la chose due*, nᵒˢ 19 à 22). Aucune d'elles n'est, à mon avis, complètement satisfaisante. Je ne méconnais pas que pratiquement il y ait une différence entre la demeure et la faute, et que le créancier ait plus d'intérêt à être garanti par l'engagement de tous contre la faute de l'un que contre la mise en demeure. Mais je n'accorde pas facilement la décision de Pomponius avec la règle d'interprétation, qui veut que dans le doute une convention s'interprète en faveur du débiteur. Peut-être serait-on tenté de dire, pour justifier cette dérogation, que si la règle touchant la faute était la même que celle relative à la demeure, les créanciers qui font ordinairement la loi, ne manqueraient jamais de faire insérer une clause de garantie réciproque, qui deviendrait de style, qui l'est devenue à Rome, et qui a fini par devenir une règle de droit. Mais les créanciers ne sont pas toujours les maîtres : il y a des contrats dans lesquels les parties traitent sur le pied de l'égalité (vente, louage), certains même dans lesquels c'est le débiteur qui dicte ses conditions (dépôt).

M. Labbé, *loc. cit.*, a bien raison de dire que le système de Dumoulin, adopté par le Code civil, article 1205, contenait le germe d'une disposition équitable, et qu'il n'était pas injuste de modérer à l'égard de ceux qui ne sont pas en faute, l'estimation des dommages-intérêts. Ne conviendrait-il pas de faire un pas de plus, et de décider que, sauf convention expresse, les débiteurs solidaires ne sont pas garants de la faute et de la demeure les uns des autres? Le Code fédéral des Obligations pour la Suisse, dit (art. 165) : « L'un des débiteurs solidaires ne peut pas aggraver, par son fait personnel, la position des autres. » Cette disposition a été empruntée au *Code prussien*, I, 5, § 438, et néanmoins on discute en Prusse, si la disposition de la loi romaine, relative à la faute, doit être appliquée. Il y a des jurisconsultes qui limitent le § 438 aux actes juridiques intervenus entre le créancier et l'un des débiteurs solidaires (V. *Dernburg*, *Deutsches Privatrecht*, § 49). Le problème est donc d'une solution difficile ; il n'a guère d'ailleurs qu'une importance théorique : presque toutes les dettes solidaires ont pour objet de l'argent.

En matière de cautionnement, la règle diffère de ce qu'elle est pour la solidarité. En droit romain, le fidéjusseur qui a promis *idem*, est garant et de la faute et de la demeure du débiteur principal, et l'opinion générale est que ces principes doivent être suivis en droit français (C. civ., art. 2016). Cette différence entre les deux procédés de garantie peut à la rigueur s'expliquer. La caution, qui ne limite pas son engagement, promet tout ce que peut devoir actuellement et dans l'avenir le débiteur principal : en ce sens, son obligation est accessoire. Les débiteurs solidaires doivent tous *idem* au moment de la naissance de l'obligation : mais chaque obligation peut désormais avoir sa vie propre : l'un peut être déchargé sans que l'autre le soit, tandis qu'il est fort rare que la caution demeure tenue, alors que le débiteur principal est libéré. Quoi qu'il en soit, nous avons aujourd'hui encore, avec la disposition bienveillante de l'article 1205 C. civ., une différence entre la solidarité et le cautionnement à l'avantage de la première. Le créancier qui voudrait la supprimer, n'aura qu'à exiger de ses débiteurs le cumul des deux sûretés : c'est là, peut-être en droit romain, le principal intérêt pour le créancier à ce que les débiteurs solidaires se cautionnent réciproquement.

La *litis contestatio*, engagée avec l'un des débiteurs solidaires, engendre au profit des autres une fin de non-recevoir, défense ou exception, suivant une distinction bien connue (Gaius, C. IV, §§ 103 et s.). Il n'y a pas que le paiement ou toute autre satisfaction, tenue par le créancier pour équivalente au paiement, qui ait pour effet d'éteindre ou de paralyser la créance à l'égard de tous les débiteurs solidaires. La même puissance a été, jusqu'à Justinien, attachée à la

poursuite judiciaire, dirigée par le créancier contre l'un des débiteurs solidaires, alors même que cette poursuite n'aboutirait pas à faire obtenir au créancier tout ce qui lui était dû. Certains de nos anciens auteurs, qui ne connaissaient pas les Institutes de Gaius, et qui n'avaient, avec les fragments des Pandectes, en apparence contradictoires, parce que quelques-uns avaient été interpolés, que la constitution de Justinien, abrogative de notre règle, avaient cru à une controverse entre les jurisconsultes romains sur les effets de la *litis contestatio*, controverse que Justinien aurait tranchée en faveur des créanciers (V. Doneau, *Comm. in codicem*, ad tit. 40, lib. VIII, *De duob. reis*, tom. IX, col. 1342, édit. de Florence). Depuis la découverte du manuscrit de Vérone, il est avéré que ce dissentiment n'existait que dans l'imagination des commentateurs. Des textes nombreux qui formulent le principe, soit à propos des débiteurs solidaires, soit à propos des fidéjusseurs, pour lesquels la règle est la même, je ne veux citer que le *f.* 5 *in fine*, *De fidej.*, XLVI, 1 : le jurisconsulte Ulpien s'occupe de la solidarité active et passive, pour trancher une question de confusion. L'un des débiteurs solidaires succède à l'autre : les deux obligations continuent à subsister au profit du créancier : mais s'il poursuit l'exécution de l'une, il épuise l'une et l'autre; car il est dans la nature de cette espèce d'obligations que quand l'une est *deducta in judicium*, l'autre est consommée également.

Il importe de s'arrêter sur cet effet attaché à la *litis contestatio* : c'est lui, et lui seul, je le crois bien, qui a suggéré les opinions nouvelles sur le caractère de la solidarité romaine, qui en a obscurci la notion, et du même coup celle de l'obligation *in solidum*, de la solidarité imparfaite. Notre collègue, M. Hauriou, au début de son *Étude sur l'origine de la corréalité*, exprime bien cette influence exercée sur certains romanistes modernes, lorsqu'il dit : « *La corréalité avait une physionomie toute particulière, et ce qui lui donnait cette physionomie, c'était la libération des débiteurs* corréi *par la* litis contestatio. » On a trouvé la règle bien dure pour les créanciers, et on a cherché à en circonscrire le domaine dans les limites les plus étroites, comme si cette règle était une particularité de la solidarité et de la fidéjussion , alors qu'elle n'est qu'une conséquence des principes généraux de la procédure romaine, l'une des nombreuses manifestations d'une pensée qui domine toute la législation romaine, la crainte des procès.

C'est une chose désirable, au point de vue de l'intérêt général comme de l'intérêt privé, qu'il y ait aussi peu de procès que possible, et que ceux qui surgissent, se terminent très promptement. Or, s'il y a une législation où ce désir se manifeste avec énergie, c'est la législation romaine. Le procès, c'est la guerre privée régularisée : surtout dans une société peu avancée, il suscite et entretient des haines, qu'il faut éviter à tout prix. En indiquant les institutions qui, directement ou indirectement, étaient destinées à empêcher les procès de naître ou de se prolonger, nous nous expliquerons mieux, si nous ne pouvons la justifier en équité, la puissance attachée à la *litis contestatio* en toutes matières, et spécialement dans celle de la solidarité et de la fidéjussion.

Nos lecteurs connaissent tous le système des peines pécuniaires ou infamantes, infligées aux plaideurs téméraires : la témérité punie ne supposait pas nécessairement l'esprit de chicane, la mauvaise foi : était réputé téméraire et en faute, celui qui succombait (Gaius, C. IV, §§ 13, 175 et s.). Nous rappellerons également, sans y insister, la péremption d'instance (Gaius, C. IV, §§ 103 à 105), la création de la formule de stipulation , dite stipulation aquilienne, imaginée pour faciliter les désistements et les transactions, c'est-à-dire l'extinction des droits litigieux (V. Gide, *op. cit.*, p. 141) ; l'introduction par le préteur des exceptions *litis dividuæ et rei residuæ* (Gaius, C. IV, § 122), ainsi que l'introduction des actions pour sanctionner des pactes relatifs à la solution des différends, les pactes de serment et de compromis; le principe, enfin, d'après lequel toute condamnation judiciaire doit avoir pour objet une somme d'argent, ce qui dispense les plaideurs de revenir devant les tribunaux pour faire liquider les dommages-intérêts dus pour inexécution de la condamnation, qui porterait sur la chose réclamée.

Dans un autre ordre d'idées, le formalisme bien connu du droit romain, la nécessité de soumettre l'expression de la volonté à des *verba certa*, *solemnia et legitima*, soit dans le transport ou la création des droits réels, soit dans la formation des obligations, ne sont-ils pas de nature à prévenir bien des litiges, et en supposant le procès engagé, à en hâter la solution? Ces actes juridiques, formels, ne produisant par conséquent que des effets stricts, ne soumettant au juge qu'une question de droit, limitée et restreinte par la teneur même des paroles employées, ne peuvent donner lieu à de bien longs débats : le juge n'a pas à s'égarer dans la recherche de l'intention des parties, ni dans des considérations d'équité. Dans le domaine des contrats, n'était-ce pas la même pensée qui avait inspiré cette vieille règle, suivant laquelle la stipulation ne pouvait avoir pour objet qu'une somme d'argent (1)? Les parties qui contractent, doivent, alors que rien ne les divise encore, faciliter d'avance la solution du procès qui peut s'élever plus tard, et simplifier autant que possible la tâche du juge.

Toujours dans cette même vue, de restreindre le nombre des procès, la vieille loi romaine n'accorde sa protection et la garantie d'une action qu'aux conventions, qui offrent un intérêt pécuniaire très énergiquement accusé, très facilement appréciable : elle ne reconnaît pas la stipulation pour autrui, la stipulation affectée d'un de ces termes incertains, dont Gaius nous parle, C. III, § 100 : l'intérêt du stipulant est trop incertain.

La loi romaine, formaliste et rigoureuse dans les actes extrajudiciaires, l'est plus encore en matière judiciaire; et c'est encore pour elle un moyen d'arrêter les procès. Le formalisme de la vieille procédure des actions de la loi est bien connu (Gaius, C. IV, §§ 11 et 30). Le citoyen qui veut obtenir condamnation, doit, dans la conduite du litige, apporter la vigilance la plus grande, comme il a dû le faire déjà lors de l'acte juridique dont il réclame l'exécution : c'est le contrepoids nécessaire à la rigueur des voies d'exécution qui lui seront ouvertes, s'il triomphe : un citoyen ne doit être mis à mort ou vendu comme esclave qu'à bon escient.

____

(1) Il en a toujours été ainsi pour le contrat *per æs et libram*, et pour le contrat *litteris*.

Pour des raisons de même ordre, la loi se montre avare d'actions jusqu'à l'excès : tandis qu'aujourd'hui tout droit naturel, toute prétention légitime est sanctionnée par une action, à Rome, une prétention ne peut, avec chance de succès, se produire en justice qu'autant qu'elle rentre dans le cadre d'une des actions organisées par la loi. Le nombre de ces actions est limité : chacune a son nom et en quelque sorte son individualité, son domaine d'application, duquel il est impossible de s'écarter. Les Romains n'accordent que le strict nécessaire, l'indispensable.

Enfin, quand ils ouvrent à un citoyen l'accès de la justice, ils ne le lui ouvrent qu'une fois pour chaque prétention. En produisant en justice son droit contesté, *rem in judicium deducendo*, et en faisant *litis contestatio* avec son adversaire, le demandeur épuise, consomme le droit d'action qu'il avait, et il s'enlève, quoi qu'il lui advienne, quelle que soit l'issue du litige, la faculté, de le réitérer, la possibilité de le produire à nouveau. *Bis de eadem re non est actio.* Que l'action soit personnelle ou réelle, qu'elle dérive d'un contrat ou de toute autre source, qu'elle soit de droit strict ou de bonne foi, l'effet est toujours le même : une seule instance suffit à la rigueur et en y apportant une attention suffisante, pour obtenir satisfaction : Gaius, C. III, § 180, fait application de ce principe aux créances : la *litis contestatio* entraîne extinction ou tout au moins paralysie du droit personnel litigieux du demandeur, du droit qu'il avait ou qu'il croyait avoir d'agir en justice.

Si l'instance engagée aboutit, comme c'est le cas le plus fréquent, à une sentence qui repousse au fond la prétention du demandeur, en la déclarant mal fondée, il n'y a rien que de naturel, de nécessaire même à ce que ce demandeur ne puisse pas réitérer sa demande. Il faut que les procès aient une fin. Aujourd'hui, il en est de même, C. civ., art. 1351. En pareil cas, il n'y a pas, à vrai dire, à parler d'extinction du droit, mais bien plutôt d'épuisement, de consommation : *lis consumta est per litis contestationem* (Gaius, C. IV, § 131). Le jugement qui est déclaratif de droit, à Rome, comme aujourd'hui, a déclaré que le demandeur n'avait pas de droit : la *litis contestatio* n'a pas pu éteindre le néant, à moins qu'on ne dise qu'elle a éteint le droit, bien ou mal fondé, d'agir en justice (1).

Mais le procès peut prendre fin autrement que par un jugement sur le fond : le demandeur a laissé périmer l'instance ; il a été débouté pour avoir réclamé plus que ce à quoi il avait droit, pour n'avoir pas tenu compte d'une exception dilatoire qui lui était opposée : son action est malgré tout épuisée, son droit est éteint (ici l'expression est plus exacte) : il ne peut plus faire l'objet d'une instance nouvelle. Les hommes sont tenus d'être vigilants, attentifs en plaidant comme en contractant. Le demandeur, avec plus de précautions, pouvait éviter la perte qui l'atteint. *Jura vigilantibus scripta sunt.* Gaius, *f.* 42 *de R. J.*, L, 17 (Cpr. Keller, *Procéd. civ.*, § 60).

Ce système, qui consistait à avancer autant que possible le moment où le droit litigieux était épuisé, à le placer à l'instant de la *litis contestatio* plutôt qu'à celui du jugement, était empreint d'une certaine rigueur : il n'était pas plus rigoureux que beaucoup d'autres institutions romaines, caractéristiques du *strictum* ou *ipsum jus*, par exemple, l'absence de toute protection au profit de celui qui dans un acte juridique ayait été victime de manœuvres frauduleuses ou de menaces. Dès lors nous ne devons pas nous étonner de la rencontrer dans la matière de la fidéjussion et de la solidarité. Le créancier qui a soit un débiteur principal et un ou plusieurs fidéjusseurs, soit plusieurs débiteurs solidaires (*duo pluresve rei promittendi*), n'est créancier que d'*une res* : son action tombe sous le coup de la maxime : *bis de eadem re non est actio* : quand il agit contre l'un d'eux, il épuise, il consomme son droit d'action à la fois contre celui avec lequel il a fait *litis contestatio*, et contre les autres : suivant le langage d'Ulpien au *f.* 5, *De fidej.*, XLVI, 1, *quum alteram duarum obligationum quas habet, in judicium deducit, altera consumitur* : il les épuise en totalité, s'il a poursuivi l'un d'eux *in solidum* : quand il ne poursuit l'un que pour une partie de sa créance, il n'épuise son droit contre tous que pour cette frac-

---

(1) Il faut observer que les expressions *tollere et consumere* sont parfois prises indifféremment l'une pour l'autre (V. *rubr. et f.* 1 *de usufr. ear. rer.*, D. VII, 5; Papin., *F.* 66 *de procur.*, III, 3).

tion : il s'enlève le droit de réitérer ses poursuites et contre le défendeur qu'il a choisi, et contre les autres.

Ce créancier cependant a pu perdre son procès pour une inexactitude de procédure : il a pu le gagner, mais trouver en face de lui un défendeur insolvable : malgré cela, le droit de poursuivre les autres n'existe plus au profit du créancier : il n'avait qu'à ne pas être négligent, qu'à ne pas se tromper dans le choix qu'il a fait, qu'à se renseigner d'avance sur la solvabilité de celui des débiteurs qu'il a attaqué : c'était chose facile dans une société restreinte comme l'était au début la société romaine, avec la publicité dont étaient entourés anciennement tous les actes juridiques. Si chacun de ses débiteurs n'était solvable que partiellement, il n'avait qu'à les poursuivre chacun *pro parte*, dans la mesure de leur solvabilité (1). S'il s'est trompé dans ses recherches, qu'il supporte les conséquences de son erreur. Sans doute ette défense qui lui est adressée de poursuivre successivement tous ses débiteurs, cette nécessité qui lui est imposée de s'enquérir préalablement de l'état de fortune de ses obligés, enlève à sa sûreté une partie de son énergie. Mais l'intérêt public veut qu'il en soit ainsi, et il prime l'intérêt privé du créancier. Celui-ci est armé de grands pouvoirs vis-à-vis de son débiteur : est-il absolument inexplicable qu'en retour il ait quelque responsabilité ?

Notre savant et regretté collègue, M. Machelard (*Dissertations de droit romain*, p. 175), s'était déjà préoccupé de rechercher la raison juridique de cette défense adressée au créancier de poursuivre successivement et jusqu'à parfait paiement tous ses débiteurs solidaires, et il la trouvait lui aussi dans l'effet extinctif ou libératoire de la *litis contestatio*, combiné avec ce principe que tous les débiteurs doivent la même *res*, sont tenus de la même obligation quant à son objet. Il refusait son assentiment à une autre explication, qui a eu des

____

(1) Le droit pour le créancier d'agir *pro parte* contre chacun de ses débiteurs, est appuyé par les textes, et il ne méconnaît pas la règle : *bis de eadem re non est actio.* V. Labbé, sur les *Instituts d'Ortolan*, p. 824, note 2. J'ajoute que la solidarité étant dans son intérêt, il est libre d'y renoncer et de traiter, quant à la poursuite, ses débiteurs comme des débiteurs simplement conjoints.

défenseurs en Allemagne (V. Vangerow, § 573, I), et d'après
laquelle la dette solidaire ne pèserait pas au moment de sa
naissance, d'une façon ferme sur tous les débiteurs, mais
demeurerait suspendue, incertaine sur la tête de chacun jusqu'à la poursuite dirigée contre l'un d'eux par le créancier :
chacun d'eux serait débiteur sous une espèce d'alternative,
ou sous la condition suspensive implicite qu'il serait actionné,
choisi par le créancier : la poursuite dirigée contre l'un aurait
pour conséquence non pas de libérer les autres, mais de faire
défaillir la condition, et de les empêcher de devenir débiteurs. Quelque spécieuse que cette explication puisse paraître,
elle n'est pas d'accord avec les textes, notamment avec l'expression *liberantur* (*Sent.* Paul, II, 17, § 16) (Cpr. Demangeat, *op. cit.*, p. 72).

Notre éminent collègue, M. Labbé, en publiant les dissertations de M. Machelard, est revenu à son tour sur le problème (*eod. opere*, p. 213 et s.). Suivant lui, il y aurait trois
explications possibles à donner de cette limitation du droit du
créancier qui a plusieurs débiteurs solidaires, l'idée d'alternative, l'effet extinctif de la *litis contestatio*, et la règle *bis de
eadem re non est actio;* c'est cette troisième explication qui a
séduit notre collègue, comme il le dit ailleurs (*Appendices aux
Instit. d'Ortolan*, t. 3, p. 913 en note). « *Si après* la litis contestatio *engagée contre l'un des débiteurs, aucune autre action n'é-
tait possible, cela dérivait de la nature de l'obligation corréale
(unité d'objet, eadem res) et non pas de l'effet extinctif de la*
litis contestatio. » Je ferai d'abord remarquer que cette manière de résoudre le problème ne cadre guère avec le langage
des jurisconsultes romains et de Justinien. Ulpien au *f.* 5, *cit.
supra de fidej.*, rattache manifestement l'extinction, l'épuisement de toutes les obligations à l'effet extinctif de la *litis contestatio* : quand l'une d'elles est *deducta in judicium*, les autres
se trouvent également consommées. Justinien, C. 28, *De fidej.*,
dit de même : « *contestatione contra unum facta.* » Me sera-t-il
permis d'ajouter que la maxime : *bis…* ne me paraît être que
la formule théorique d'un vieux principe, dont l'effet extinctif de la *litis contestatio* n'est que la mise en application, la
conséquence, qu'il n'y a là qu'un seul et même principe ?
Une vieille loi, probablement celle des Douze-Tables, avait

dit dans son langage concis : *Bis de eadem re ne sit actio :* pour un intérêt unique on ne peut pas agir deux fois en justice, intenter deux actions successivement *de eadem re.* Les jurisconsultes font application de ce principe au créancier qui a plusieurs débiteurs solidaires de la même chose : quand il agit contre l'un, et fait avec lui *litis contestatio, de eadem re adversus cæteros amplius agere non potest : obligatio ejus dissolvitur aut tollitur litis contestatione* (Gaïus, C. III, § 180 et C. IV, §§ 107 et 108).

Mais, dit M. Labbé, l'opinion qui se rattache à l'effet extinctif de la *litis contestatio*, méconnaît la maxime que la *litis contestatio* améliore au lieu d'empirer la condition du demandeur : car le droit déduit en justice n'est ici remplacé par un droit nouveau que contre le débiteur solidaire poursuivi. Je réponds qu'il faut se garder de généraliser des maximes auxquelles les jurisconsultes romains ne donnent qu'une portée toute relative. Le droit nouveau, né de la *litis contestatio*, n'est pas, quoi qu'en dise mon collègue, équivalent au droit ancien. Le droit ancien était un droit perpétuel : le nouveau est essentiellement temporaire ; il faut que, pour échapper à la péremption d'instance, le demandeur le fasse valoir, poursuive le procès dans un délai très bref.

Si on fait reposer sur la *litis contestatio* la libération des débiteurs non poursuivis, on sera amené, pense notre collègue, à admettre que le créancier peut poursuivre cumulativement tous ses débiteurs, et requérir contre chacun une condamnation solidaire. Je ne le crois pas. L'effet attaché à la *litis contestatio* constitue un principe d'ordre public, auquel pendant longtemps il a été interdit de déroger, soit directement par une convention contraire insérée dans l'engagement solidaire (V. Gide, *op. cit.*, p. 95), ou par une *præscriptio* insérée dans la formule à la requête du demandeur (1), soit indirectement en poursuivant cumulativement

---

(1) Il ne faudrait pas croire que le demandeur peut faire insérer une *præscriptio* toutes les fois qu'il y a un intérêt ; une pareille faculté bouleverserait toute l'économie de la procédure romaine. Il en est de cette *præscriptio* comme de la *formula incerta* dont parle Gaius, C. IV, § 54 : « *In paucissimis causis dari solet.* »

tous ses débiteurs et en demandant contre chacun une condamnation solidaire. Libre au créancier, si les règles de compétence ne s'y opposent pas, d'agir en même temps contre tous ses débiteurs; mais il ne peut agir contre chacun que *pro parte*. Les textes ne résistent pas à cette décision, M. Labbé l'a bien montré.

Il y a une seconde conséquence qui, d'après notre collègue, serait différente suivant l'explication qu'on adopterait. En supposant que l'un des débiteurs solidaires soit obligé sous condition, et en admettant que le créancier conditionnel n'épuise pas son droit en agissant *ante conditionem*, ceux qui rattachent la libération des débiteurs non poursuivis à la *litis contestatio*, doivent autoriser le créancier qui a vainement agi contre le débiteur, obligé purement à agir ensuite contre celui qui était obligé conditionnellement à l'arrivée de la condition, tandis qu'en s'attachant à l'unité d'action, à la maxime *bis de*, on est amené à lui refuser ce droit. En l'absence de textes, il est délicat de se prononcer : je serais porté à admettre, comme mon collègue, que dans la combinaison en question, le créancier, en agissant contre le débiteur tenu purement, épuise d'avance son droit contre l'autre, qui doit sous condition. L'épuisement est la conséquence non pas de la nature pure ou conditionnelle du droit, mais de l'identité d'objet des deux dettes. Le créancier peut attendre l'arrivée de la condition, afin de poursuivre l'autre. Sans doute, dans l'intervalle, le débiteur obligé purement peut devenir insolvable. Mais le créancier savait à quoi il s'exposait en se faisant consentir deux promesses solidaires, dont l'une était affectée d'une condition suspensive.

Il reste une dernière objection, la plus embarrassante, adressée à l'opinion qui fait intervenir ici la *litis contestatio*. C'est un principe certain que la *consummatio litis* (comme plus tard la force légale qui sera attachée à la chose jugée) est subordonnée à la fois à l'identité d'objet et à l'identité de personnes dans les deux instances. Or, si le créancier qui veut poursuivre un second débiteur solidaire après en avoir infructueusement poursuivi un premier, se heurte à l'identité d'objet, il ne rencontre pas la seconde condition. Comment se fait-il que le droit d'agir contre le second lui soit refusé?

Un auteur allemand, Brinz (*Pand.*, § 253, notes 34 et suiv.),
a soutenu que les codébiteurs solidaires se représentaient réciproquement, qu'il y avait entre eux une *cognitoris datio*
tacite, qu'en réalité le débiteur poursuivi défend au procès
sua et aliena nomine, et fait *litis contestatio* pour tous. On serait
heureux, dans l'intérêt des créanciers, de rencontrer dans les
textes quelque appui pour cette conception ingénieuse : car,
avec les réformes prétoriennes, elle conduirait à admettre
que le créancier qui a obtenu condamnation contre l'un des
débiteurs solidaires, peut intenter l'*actio judicati utilis* contre
les autres débiteurs solidaires, et ainsi serait écarté le danger
de la *litis contestatio*. Mais rien dans les textes ne peut étayer
cette explication. Il faut se résigner à admettre que l'identité
d'objet était la condition essentielle, principale de la *consummatio litis*; c'est la seule dont fassent mention la vieille
maxime *bis de...*, ainsi que Gaius (C. IV, §§ 106 à 108, § 121).
La diversité de personnes n'était pas d'ailleurs complète, absolue : à raison de l'identité d'objet, il avait fallu admettre
que beaucoup d'actes intervenus entre le créancier et l'un des
débiteurs solidaires, produiraient leur effet au profit des autres, nonobstant la maxime *res inter alios acta...*; on fut
amené également à admettre qu'il en serait de même de la
litis contestatio, malgré le principe *res inter alios contestata
aut judicata...* (Cpr. Hauriou, *op. cit.*, *Nouv. Rev. hist.*, 1882,
p. 238).

Cette puissance, si dangereuse, attachée à la *litis contestatio*, avait eu ses avantages : elle n'était plus guère compatible
avec le développement de l'empire romain et des relations
juridiques. L'art des jurisconsultes romains va consister à
l'affaiblir, à l'atténuer par des tempéraments équitables, jusqu'à ce qu'elle disparaisse législativement sous Justinien. Il
est curieux d'assister à cette lente décadence : on y voit d'a-
bord la preuve que le caractère d'ordre public de la *litis contestatio* et de ses effets allait diminuant, et en outre, dans
notre matière des garanties personnelles, on y trouve, pour
l'époque classique, une réponse au reproche d'iniquité et de
rigueur adressé à cette institution ; les créanciers qui veulent
échapper aux périls de la *litis contestatio*, ont à leur disposition
des moyens soit préventifs, soit répressifs, imaginés par la

pratique et reconnus par la jurisprudence. Il n'y a plus en réalité que ceux qui sont imprudents ou profondément négligents qui sont exposés à perdre.

Les moyens préventifs, nous les rencontrons dans la matière du cautionnement : il n'y a pas de témérité à conjecturer qu'ils devaient être employés par les créanciers qui, au lieu d'exiger des fidéjusseurs, voulaient la solidarité. Le premier, c'est la *fidejussio* dite *indemnitatis*. Elle est bien connue; qu'il suffise de rappeler qu'elle eut quelque peine à se faire admettre dans la pratique romaine comme dérogation au principe *bis de eadem re...* (V. Gide, *op. cit.*, p. 150, note). Mais le caractère de la *litis contestatio* s'affaiblissant et les nécessités pratiques aidant, on finit par admettre que l'obligation du débiteur principal et celle du fidéjusseur n'avaient pas le même objet, et que la poursuite dirigée contre l'un n'aurait plus pour effet d'épuiser le droit du créancier contre l'autre. Qui empêche le créancier, faisant une avance d'argent à deux personnes, d'exiger qu'elles se portent *fidejussores indemnitatis* l'une de l'autre? ne voyons-nous pas la solidarité et la fidéjussion accolées l'une à l'autre dans une même affaire? (V. Accarias, n° 573, sur la *fidejussio alterna*).

Le second expédient, imaginé aussi, semble-t-il, à propos de la fidéjussion, mais qui devait s'appliquer au cas de solidarité, c'est ce mandat donné par le débiteur au créancier, et mentionné au § 2 *Inst.* de Just., *De mandato :* l'un des débiteurs solidaires, menacé de poursuites par le créancier, et désireux de ne pas faire l'avance de la totalité de la dette, donnera mandat au créancier de poursuivre un autre des débiteurs solidaires. Le créancier accepte, et il y trouve cet avantage, s'il n'est pas complètement désintéressé par le second débiteur, de pouvoir, comme mandataire, se retourner contre le premier, et lui demander, sous forme d'indemnité, le reliquat de sa créance. Ce second expédient suppose, il est vrai, le consentement du premier débiteur : mais il a trop d'intérêt à un pareil arrangement pour ne pas le conclure.

Un troisième expédient, d'une date vraisemblablement beaucoup plus récente que les deux premiers (Accarias, p. 364, note 2, le place au Bas-Empire), consistera dans une convention intervenue, au moment même du contrat, le plus souvent imposée par le créancier, et aux termes de laquelle celui-ci se réserve le droit d'agir successivement contre tous les débiteurs solidaires jusqu'à parfait paiement. L'effet attaché à la *litis contestatio*, autrefois d'ordre public, a perdu complètement ce caractère : les particuliers peuvent à leur gré le modifier. Justinien, C. 28 *De fidej.*, nous parle de cette convention : elle était l'avant-coureur de la réforme de l'empereur.

Les moyens répressifs sont de deux sortes : le premier consiste dans l'*in integrum restitutio ob errorem*, que le magistrat se réserve d'accorder *cognita causa*, et dont nous avons une application dans le cas de la plus pétition, au § 33 *Inst.* de Just., *De action*. Le créancier qui a perdu son procès pour un vice de procédure contre l'un des débiteurs solidaires, implorera du magistrat l'*in integrum restitutio*, et recouvrera son action à la fois contre le débiteur absous et contre ses codébiteurs.

Le second remède, c'est l'obligation naturelle qui survit à l'obligation civile, éteinte ou paralysée par l'effet de la *litis contestatio*. Les codébiteurs de celui qui a été poursuivi, demeurent tenus de cette obligation naturelle, et nous pouvons sans hésiter la ranger parmi celles qui produisent des effets contre la volonté du débiteur : elle pourra notamment être opposée en compensation.

La rigueur de l'effet attaché à la *litis contestatio* s'était donc considérablement adoucie. Justinien, dans la C. 28 déjà citée, sous-entend, dans les contrats de cautionnement et de solidarité, la clause, devenue sans doute de style, qui réservait au créancier la faculté de poursuivre successivement tous ses débiteurs, et il décide que les poursuites dirigées contre l'un n'empêcheront plus le créancier d'en exercer de pareilles contre les autres. Les pouvoirs des créanciers vis-à-vis de leurs débiteurs sont notablement diminués quant aux voies d'exécution : il est juste qu'en retour ils soient renforcés quant au nombre des poursuites possibles. Les procès sont d'ailleurs beaucoup moins à redouter qu'autrefois : on se rappellera toutes les réformes apportées à ces vieilles institutions, dont le but était d'empêcher ou d'abréger les procès.

Désormais, il n'y a plus, au point de vue des effets, de

différence notable entre la solidarité romaine et la solidarité française. Le créancier est libre depuis la C. 28 d'agir simultanément pour le tout contre tous ses débiteurs, d'agir successivement contre chacun d'eux, sans que les poursuites qu'il dirige contre un second débiteur, puissent être suspendues, arrêtées par l'exception de litispendance, basée sur les poursuites encore pendantes contre le premier (1) : l'article 1204 Code civil paraît bien rédigé dans cet esprit. Il est libre enfin, après avoir achevé ses poursuites contre l'un, d'en diriger contre l'autre. Le créancier, en un mot, a désormais autant d'actions que de débiteurs. Mais alors, s'élève une question, qui ne pouvait guère se présenter en droit classique. Le jugement rendu entre le créancier et l'un des débiteurs solidaires, a-t-il effet à l'égard des autres ; peut-il être invoqué par eux; si c'est un jugement d'absolution, basé sur un moyen de défense commun à tous? peut-il être invoqué contre eux, si c'est un jugement de condamnation? Justinien a admis, par dérogation à la règle : *res inter alios acta...* que la reconnaissance volontaire de la dette par l'un des débiteurs aurait effet à l'égard de tous. Il semble logique et conforme à la pensée de l'empereur, de décider également que, par dérogation à la règle : *res inter alios judicata...* la chose jugée sur l'existence de la dette contre l'un des débiteurs, doit avoir effet contre les autres, et équitablement que le jugement rendu au profit de l'un, doit profiter aux autres (V. Labbé, *sur Ortolan*, t. III, p. 825 ; cpr. Demangeat, *op. cit.*, p. 95). La Cour de cassation, Ch. civ., vient de décider que la chose jugée contre l'un des débiteurs solidaires, était opposable aux autres débiteurs (Arrêt du 28 décembre 1881 ; Sirey, 1883, I, 465).

Il faut maintenant rechercher les sources de la solidarité. C'est ici que surgissent les controverses entre les modernes commentateurs du droit romain. La solidarité, avons-nous dit, est une modalité, un accident de certaines obligations : une modalité ne peut guère provenir que de la volonté hu-

---

(1) Le *Code civil autrichien*, art. 891, veut que le créancier, pour agir contre le second, se désiste de la demande formée contre le premier.

maine, dérogeant à la règle naturelle, au droit commun. La solidarité a sa source dans une manifestation particulière et expresse de volonté, le plus souvent dans une convention (1).

A l'époque reculée où tous les contrats étaient formels et par conséquent *stricti juris* (2) et où peut-être il n'existait qu'une forme de contracter, la stipulation (3), la solidarité ne pouvait être que l'accompagnement d'un acte formel, d'un contrat verbal, et, comme si le langage était demeuré le témoignage de la source, exclusive à l'origine, de la solidarité, l'expression technique, presque toujours employée pour désigner des créanciers ou des débiteurs solidaires, c'est la locution : *rei stipulandi, rei promitendi* (V. les rubriques des titres; aux Institutes, III, 16; au Digeste, XLV, 2; au Code, VIII, 40). Un fragment unique d'Ulpien, le f. 3, § 3, *De liberat. leg.*, XXXIV, 3, se sert pour désigner cet état, du mot *conreus* (dans *la Florentine* et quelques éditions de la Vulgate : Haloander dit *correus*). Nos anciens auteurs, Dumoulin, Pothier, par exemple, emploient le mot *correi :* c'était également la manière de parler de Keller, *Litiscontestation* (1827). Mais déjà en 1756, le *Codex Maximilianus* de Bavière, IV, 1, § 21, a germanisé l'expression latine, et dit : *Correalität.* Ribbentrop, en 1831, la reproduit : *Zur Lehre von den Correal-obligationem,* et depuis la locution est devenue courante dans les ouvrages de doctrine. Toutefois le législateur ne l'a pas adoptée : ainsi le Code de commerce allemand dit : *Solidarisch haften;* art. 112 et autres : le Code de procédure pénale, art. 498, 503, dit : *Gesammte Schuldner.* En France, de Fresquet (*Traité élémentaire de droit romain*, 1855, p. 272), dit : *Obligation*

---

(1) La solidarité peut également se rencontrer dans un testament : le testateur en faisant un legs *per damnationem* à un ami, à sa femme survivante, en grèvera solidairement ses deux fils institués héritiers. Mais ce n'est pas en vue de ce cas que la solidarité a été organisée. D'ailleurs le testament ne s'est-il pas fait longtemps sous la forme d'un contrat ?

(2) Cette conjecture finira avant peu par devenir une vérité scientifique. V. *Nouvelle Revue historique*, 1883. *Des stipulations de garantie*, par M. Girard, p. 539, note 1.

(3) Cette seconde conjecture, beaucoup plus hasardée que la précédente, a en sa faveur bien des probabilités. V. sur l'origine de la stipulation, l'article cité de M. Girard, p. 591. *Contrà*, Labbé, Appendice 10 des Instituts d'Ortolan, t. III, p. 883 et suiv.

corréale, *corréalité*, et M. Demangeat, dans son *Traité des obligations solidaires*, a fait passer l'expression dans le langage juridique. J'ai déjà dit pourquoi j'évitais de l'employer : outre qu'elle est à peine romaine, barbare, disait Gide, qui préférait dire *conreus* (*op. cit.*, p. 161), elle n'est pas plus expressive que le mot français solidarité, et elle a le tort de faire croire à une diversité de but et d'effets entre les deux institutions, romaine et française.

A l'époque, ancienne aussi, où le résultat poursuivi dans une stipulation, dépendait exclusivement de la formule employée, il y avait pour établir la solidarité une formule consacrée, comme il y en avait une pour constituer une *adpromissio*, pour opérer une novation (Gide, *op. cit.*, p. 153 et s.). Cette formule légale, qui emportait, sans preuve contraire possible, la solidarité entre ceux qui s'y étaient prêtés, nous a été conservée par Justinien dans ses Institutes, liv. III, tit. xvi, *Princ...* « *Duo pluresve rei promittendi ita fiunt : Mœvi, quinque aureos dare spondes? Sei, eosdem quinque aureos dare spondes? Si respondent singuli separatim : spondeo.* » Une stipulation unique, un échange de paroles unique sont indispensables pour constituer la solidarité, et M. Demangeat (*Oblig. solid.*, p. 100 et s.), a bien raison de soutenir que la solidarité n'existera pas, s'il y a eu autant de contrats qu'il y a de personnes appelées à s'obliger.

Mais cet excès de formalisme a décru avec le temps et la complication des rapports sociaux : tous les ouvrages de droit romain exposent avec détails cette décadence du contrat verbal, déjà commencée à l'époque classique. Dès le iiie siècle de l'ère chrétienne, la stipulation ne se faisait déjà plus par demande et réponse : les parties contractantes, pourvu qu'elles fussent en présence l'une de l'autre, rédigeaient ou faisaient rédiger un écrit, au bas duquel il suffisait d'énoncer qu'il y avait eu stipulation : la réponse, indiquée comme ayant été faite, n'avait même plus besoin d'être conçue en termes sacramentels. Les empereurs byzantins consomment la réforme en supprimant la nécessité d'une formule sacramentelle, même écrite.

S'il n'y a plus de formule pour le contrat, il ne peut plus y en avoir pour la modalité qui y est insérée : la volonté des parties d'établir la solidarité ne dépend plus de la tournure spéciale donnée à la stipulation, mais uniquement de l'intention : il peut y avoir deux contrats successifs : il n'y en aura pas moins solidarité. La solidarité continue à ne pas se présumer : il faut toujours qu'elle soit expresse : mais la manifestation de la volonté des parties ne résulte plus exclusivement de la contexture du contrat. Le texte des Institutes de Justinien est un souvenir d'un état de choses disparu depuis longtemps. Ce souvenir d'ailleurs est bien à sa place : les Institutes, Justinien l'a dit, devaient contenir une exposition sommaire des origines et des antiquités du droit. Mais au Digeste et au Code, qui ne doivent renfermer que des règles pratiques, nous ne nous étonnerons pas de ne plus trouver, même dans les écrits des jurisconsultes du iiie siècle, trace de cette exigence relative à la formation de la solidarité. La stipulation, destinée à engendrer la solidarité, ne se distingue déjà plus des stipulations ayant un autre but, de l'*adpromissio,* par exemple, que par l'intention des parties : la formule est devenue chose indifférente : il peut même y avoir deux stipulations successives. Ainsi s'expliquent plusieurs passages, les f. 3 pr. et 9, § 2, *De duob. reis* (V. également Pompon., f. 43, *De fidej.*, XLVI, 1). Les auteurs qui exigent pour la formation de la solidarité une stipulation unique, et ceux qui, comme Vangerow, admettent deux stipulations successives, sont les uns et les autres dans le vrai, à condition de se placer à des époques différentes.

Mais la stipulation n'est pas demeurée l'unique instrument contractuel des Romains, ni l'unique source de la solidarité. A côté d'elle s'introduisirent d'abord deux autres contrats formels, le *nexum* et le *nomen transcriptitium*. Ces deux procédés diffèrent du premier, notamment par leur domaine d'application : tandis que la stipulation est apte, soit à créer *à priori* entre deux personnes une obligation, quelle qu'en soit la cause, prêt, vente, louage, etc., soit à rajeunir et transformer une obligation déjà établie, les contrats *per æs et libram* et *litteris* ne jouent qu'un rôle très limité : le premier paraît n'avoir jamais servi qu'à rendre obligatoire un seul *negotium*, le prêt d'argent. Etait-il possible d'assouplir la solennité du *nexum* à une clause de solidarité entre les emprunteurs quand il y en avait plusieurs? Nous l'ignorons.

Le contrat *litteris*, plus récent à mon avis que la stipulation, parce que l'écriture ne se pratique guère que chez les peuples déjà avancés en civilisation, a, je le crois, une seule fonction normale, celle de renouveler une obligation déjà existante, de la remplacer par une autre, au profit ou à la charge soit de la même personne, soit d'une autre. Gaius, C. III, § 128 à 130, ne nous signale que cette application du *nomen transcriptitium*. Si Cicéron (*ad Atticum*, liv. IV, ép. 18) l'indique comme ayant servi à un malade à faire une donation à sa maîtresse, si Valère Maxime, VIII, 2, 2, nous dit qu'il a permis de réaliser un marché immoral entre les consuls en fonctions et ceux qui convoitaient leur succession, c'est que le contrat *litteris* était une de ces opérations qui se suffisent à elles-mêmes, abstraction faite de toute cause naturelle et effective. Mais le procédé avait été détourné de son but : dans le cas cité par Cicéron, il y avait une donation déguisée sous l'apparence d'une *transcriptio*, dans le marché rapporté par Valère Maxime, une opération colorée *debiti nomine*, dit l'auteur (*Contrà*, Accarias, *Précis*, n° 579).

Dans cette application restreinte, il n'est guère contestable qu'au contrat *litteris* ne pût s'adjoindre une clause de solidarité, les fragments du Digeste nous en ont conservé des preuves à peu près irrécusables, Ulp. f. 9 pr., *De pactis*, II, 14. Paul, f. 34 pr., *De recept.*, IV, 8. Dans ce second fragment, le jurisconsulte qualifie les débiteurs solidaires *rei debendi*; l'expression est plus large que celle de *rei promittendi*; mais elle ne paraît pas avoir obtenu, dans le langage juridique, plus de faveur que la locution *conreus* ou *correus*.

Le droit romain ne s'est pas arrêté là dans son développement sur la formation des obligations conventionnelles et les sources de la solidarité. Le besoin s'étant fait sentir de rendre plus libre, plus rapide et plus facile la conclusion des actes obligatoires, la coutume, l'autorité des jurisconsultes, le préteur et les empereurs affranchissent du formalisme, certaines conventions, les plus usitées dans la pratique des affaires; un certain nombre de *negotia*, deviennent obligatoires, acquièrent force et vertu juridique indépendamment de toute forme légale : ce sont les contrats réels, consensuels, innomés, les pactes prétoriens et les pactes légitimes. L'utilité réclame que la clause de solidarité puisse être insérée dans ces *negotia* : elle pourra l'être, et comme il n'y a plus, pour le contrat lui-même de forme sacramentelle, il n'y en aura pas davantage pour l'accession de la modalité.

Cette liberté laissée aux contractants de manifester leur volonté en termes quelconques ne supprime pas la règle ancienne, d'après laquelle la solidarité ne se présume pas. Dans les contrats sans forme, la solidarité doit toujours faire l'objet d'une convention expresse, explicite : dans le doute, il n'y a pas solidarité. C'est à cette exigence que font allusion les expressions de certains textes : *utriusque fidem in solidum secutus — singulorum personam in solidum intuitus*. M. Demangeat (*op. cit.*, p. 154, 185, note 1 et 339) a soutenu que dans les contrats de bonne foi, la solidarité était présumée, sous-entendue. J'accorde qu'il y a, dans cette classe de contrats, certaines clauses qui sont sous-entendues, et qui font partie du *negotium*, par cela seul qu'elles n'ont pas été écartées. Mais la solidarité n'est pas, aujourd'hui encore, une de ces clauses, bien que tous nos contrats soient des contrats de bonne foi. Il ne faut pas présumer la solidarité, parce que, si elle est avantageuse au créancier, elle est très dure pour les débiteurs. Les textes, invoqués par M. Demangeat, ont tous trait à l'obligation *in solidum*, à la responsabilité collective, qui, conséquence d'une disposition de la loi, a lieu de droit, sans clause spéciale.

La solidarité, pourvu qu'elle soit expresse, peut donc figurer dans tous les contrats, même dans le *mutuum*, dans le prêt d'argent. La raison de douter a été très bien aperçue par M. Demangeat, p. 166. Le prêt d'argent est l'unique contrat sans forme qui soit *stricti juris* : c'est une anomalie, dit très bien Gide (*op. cit.*, p. 26, note) : « Le *mutuum* appartient aux contrats naturels pour sa forme, il imite les contrats solennels par ses effets. » Le *mutuum* est demeuré un contrat *stricti juris*, principalement pour l'avantage de l'emprunteur, qu'il faut très énergiquement protéger, et qui le sera en ce qu'une convention d'intérêts, fût-elle ajoutée *in continenti*, ne sera pas civilement obligatoire : *re non potest obligatio contrahi nisi quatenus datum sit*. Or, est-ce que la solidarité n'emporte pas obligation pour chacun des emprunteurs de restituer plus qu'il n'a reçu, peut-être ce qu'il n'a pas reçu, si au fond l'un des débiteurs solidaires n'est qu'une caution? Doneau (t. 9, c. 1355) a bien saisi l'objection, et il cherche à l'écarter, en disant que par une fiction on supposera que chacun des obligés a reçu la totalité de la somme. Point n'est besoin de recourir à cette subtilité. L'utilité pratique, l'intérêt même des emprunteurs voulaient que la solidarité pût être adjointe au *mutuum*; s'il y a eu des résistances, elles ont cédé. V. les *constit.* citées par M. Demangeat, *loc. cit.*

Mais la solidarité sera-t-elle toujours la même, quelle que soit la nature du contrat qu'elle affectera? produira-t-elle dans tous les cas les mêmes effets? notamment la poursuite judiciaire dirigée contre l'un des débiteurs, la *litis contestatio*, aura-t-elle, dans tous les cas, la vertu de libérer les autres? Ici commencent les controverses. Elles me paraissent être d'assez fraîche date : nos anciens auteurs ne les soupçonnaient pas : ils admettaient tous, sans exception, à ma connaissance, que la solidarité, modalité de certaines obligations, était une dans ses effets, et que partout où elle se rencontrait, partout où la volonté des contractants ou d'un testateur l'avait introduite, elle engendrait le même rapport juridique entre le créancier et les débiteurs. Ainsi la glose, ad. L. 9, *De duob. reis.* Cujas sur cette l. 9 (Lib. 27, *Quæst. Papin.*, t. 4, c. 681) dit : « *Duo rei debendi sunt, qui parem obligationem in solidum susceperunt singuli, quorum uno electo alter liberatur... Et Papinianus proponit duos reos debendi constitui non tantum stipulatione... sed et alio quolibet contractu..... deposito...* » Pothier, *Des obligat.*, n° 265 : « La solidarité peut être stipulée dans tous les contrats, de quelque espèce qu'ils soient : l. 9, D., *De duob. reis.* »

Ribbentrop, en 1831 (*op. cit.*), pose la question de savoir si un véritable rapport de solidarité (de corréalité, suivant son langage) peut résulter d'autres contrats que de la stipulation : ainsi est formulée la rubrique du § 19 de son Traité. Mais au § 20, après avoir indiqué plusieurs interprétations de la l. 9, *De duob. reis*, il aboutit finalement (p. 176) à admettre que la solidarité rigoureuse peut être adjointe à un dépôt, à un commodat, etc. Les auteurs allemands, qui écrivent après lui sur la matière, l'admettent également. V. Savigny, *Obligat.*, § 17; Vangerow, *Pandekten*, t. 3, § 573.

En France, de Fresquet (*Traité élément. de droit romain*, p. 274) n'hésitait pas à enseigner la même doctrine. M. Demangeat, le premier, je crois, a proposé une autre interprétation des lois romaines, et sa théorie a eu, il faut le reconnaître, son heure de succès. Touché du caractère arbitraire de la *litis contestatio*, de ses effets fâcheux pour le créancier, il propose de restreindre cet effet rigoureux, arbitraire, aux obligations qui sont sanctionnées par une action de droit strict, une *condictio*, une action rigoureuse, et de limiter à cette catégorie d'obligations le domaine de la solidarité véritable qu'il appelle corréalité. Quand la créance aura pour garantie une action autre qu'une *condictio*, action de bonne foi ou action *in factum*, l'engagement de plusieurs débiteurs ne pourra pas être renforcé par la corréalité, mais par la solidarité simple ou imparfaite, dans laquelle la *litis contestatio*, faite par le créancier avec l'un des débiteurs, n'aura pas d'effet libératoire au profit des autres.

A ce système, on pourrait objecter d'abord le résultat qui se produit dans les actions dites *adjectitiæ qualitatis*, dont M. Demangeat nous donne une idée générale aux pages 181 et s. Ces actions peuvent être des actions autres que des *condictiones*, et cependant il n'est pas contestable que quand le créancier a fait *litis contestatio* avec l'un de ses débiteurs, le mandataire, par ex., l'autre débiteur, le mandant ne soit libéré. « Nous avons ici, dit M. Demangeat, p. 218, quelque chose de tout à fait analogue à la corréalité proprement dite. » Mais l'auteur ne nous dit pas comment il concilie cette décision avec son système. La réponse, à mon sens, serait facile. Entre le *paterfamilias* et son fils, le mandant et le mandataire, il y a bien obligation *in solidum*, solidarité *'lato sensu*, mais cette solidarité n'est pas basée sur le même principe que la solidarité véritable : c'est une solidarité de rencontre, conséquence de la juxtaposition du droit civil et du droit prétorien : nulle part, je crois, les débiteurs dont il s'agit, ne sont qualifiés *rei promittendi*. Savigny (*Obligations*, § 21) y voit, non sans raison, un cas de corréalité imparfaite (1).

(1) Il y aurait quelque intérêt à rechercher quels sont les effets de cette

La réfutation, à mon sens péremptoire du système proposé par M. Demangeat, se tire tout d'abord et principalement du fragm. 9 à notre titre *De duob. reis*, au Digeste, dans lequel Papinien met sur la même ligne tous les contrats, qualifie *rei promittendi* ceux qui se sont obligés solidairement dans un contrat de bonne foi. Est-il admissible que dans la pensée d'un jurisconsulte, aussi précis que Papinien, il se cache une différence entre les deux espèces de contrats? Cela est d'autant moins probable que l'effet extinctif de la *litis contestatio* découle, avons-nous dit, de l'unité de *debitum*, et que cette unité se rencontre avec la même énergie dans le contrat de bonne foi et dans le contrat de droit strict. Les acheteurs, les dépositaires qui s'obligent solidairement, doivent *eamdem rem, eamdem pecuniam*; que le *negotium* soit demeuré un contrat naturel, sans formes, ou qu'il ait été revêtu de la forme de la stipulation, cela ne change rien au caractère de la prestation due (1). D'autre part, il ne faut pas perdre de vue que la maxime : *bis de eadem.....*, frappe, atteint le créancier armé d'une action de bonne foi, comme celui qui a une action de droit strict : le vendeur, qui laisse périmer la formule de *l'actio venditi*, *rem perdit* aussi complètement que celui qui laisse périmer une formule de *condictio*, nonobstant le caractère de bonne foi de l'action qui lui appartient. La conséquence n'est-elle pas que le vendeur qui, ayant plusieurs acheteurs obligés solidairement au paiement du prix de vente fait avec l'un deux *litis contestatio* pour la totalité du prix, épuise son *actio venditi* à la fois contre celui qu'il a poursuivi et contre les autres?

La seconde objection, aussi difficilement réfutable que la première (V. M. Demangeat, p. 214), résulte de ce qui se produit en cas d'*adpromissio*. Le débiteur principal et le fidéjusseur sont *duo rei ejusdem debiti* : la poursuite dirigée contre l'un, consomme le droit du créancier contre l'autre. Et

espèce de solidarité, et de la comparer avec la solidarité véritable. Cette étude m'éloignerait trop de mon sujet.

(1) Dans le système de M. Demangeat, là où la stipulation est devenue une forme facultative de contracter, là où les parties ont le choix entre un contrat naturel sans forme, et un contrat formel, elles peuvent à leur gré établir la corréalité ou la solidarité.

cependant le débiteur principal peut être tenu d'une action autre qu'une *condictio*.

Le troisième reproche que j'adresse à la théorie nouvelle , c'est d'assimiler, de confondre des situations qui n'ont rien de commun l'une avec l'autre , et de rendre pour ainsi dire insaisissable , rationnellement, la notion et la base de la solidarité. Il n'y a pas, en effet, que des obligations contractuelles (ou dérivées *ex testamento*) , qui soient sanctionnées par des *condictiones* : nous rencontrons cette action dans toute une catégorie d'obligations quasi-contractuelles , celles qui sont armées de la *condictio sine causa latissimo sensu, condictio indebiti, condictio furtiva*, etc. (M. Demangeat, p. 169), se trouve entraîné, par son point de départ, à admettre la corréalité légale , cette fois , dans toutes ces situations, et à expliquer par une interpolation , que rien ne justifie une constitution, qui ne cadre pas avec son système , la C. 1, *De cond. furt.*, IV, 8, qui décide que la *litis contestatio* faite par la victime d'un vol avec l'un des voleurs, n'a pas pour effet de libérer les autres de la *condictio furtiva* dont ils sont tenus. La source de la solidarité, cette modalité si voisine du cautionnement, ne se trouve plus être exclusivement la volonté humaine, manifestée par convention ou testament, et se proposant de renforcer la créance. L'état de solidarité tient à un accident de procédure. Dans notre manière de voir, au contraire, la solidarité véritable est indépendante de la nature de l'action : elle est la conséquence d'une idée, aussi vraie aujourd'hui qu'elle l'était à Rome , le caractère d'unité conféré par la volonté des parties ou du testateur à une prestation , qui naturellement serait divisée , à titre de mesure de garantie pour le créancier. Il y a solidarité véritable, parfaite, partout où ce caractère se rencontre, que l'action du créancier soit une action de bonne foi ou une action de droit strict. Mais aussi il n'y a pas solidarité proprement dite , mais seulement obligation *in solidum*, responsabilité collective, quand ce caractère fait défaut, alors même que l'action du créancier serait une *condictio :* telle sera la *condictio furtiva*. A ce second état, nous devons également rattacher les textes invoqués par M. Demangeat à l'appui de sa distinction.

Notre collègue, M. Hauriou a bien senti la gravité de la

troisième objection adressée au système de M. Demangeat, et pour y échapper, il le tempère en le limitant aux *condictiones* issues d'un contrat *stricti juris* ou de testament. C'est une hypothèse, comme il le dit lui-même, dans sa dissertation d'ailleurs très-ingénieuse. Elle donne prise aux mêmes critiques que la théorie de M. Demangeat.

Un troisième système, qui nous avait séduit il y a long-temps déjà (Savigny, *Obligations*, traduction Jozon et Gérardin, § 17, p. 170, note), mais que nous repoussons aujourd'hui, a été proposé et développé par notre savant collègue, M. Accarias (*Précis de droit romain*, n° 556). La solidarité parfaite (la corréalité) ne peut découler que de la volonté de l'homme, contrat ou testament; mais l'homme, contractant ou disposant par testament, est libre pour corroborer la créance qui va prendre naissance, soit d'établir la solidarité parfaite, munie de tous les effets que nous avons indiqués, notamment de l'effet extinctif de la *litis contestatio*, soit de créer une solidarité simple ou imparfaite, une obligation *in solidum*, qui n'exposera pas le créancier aux dangers de la *litis contestatio*, dans laquelle le paiement intégral aura seul pour effet de libérer tous les débiteurs. Le contrat a-t-il gardé le silence sur l'espèce de solidarité voulue, plusieurs personnes se sont-elles obligées pour le tout, sans dire si elles entendent s'engager corréalement ou solidairement, on présumera, si le contrat est *stricti juris*, la corréalité, avec effet extinctif de la *litis contestatio;* partout ailleurs il y aura, sauf déclaration contraire, solidarité simple, sans effet extinctif de la *litis contestatio*.

L'argument le plus spécieux à l'appui de cette nouvelle opinion, ne se tire pas des textes : car ceux qu'on pourrait citer en faveur de la possibilité d'établissement de la solidarité simple ou imparfaite et dont M. Accarias cite les principaux, n° 556, ont trait, nous le verrons plus tard, à la responsabilité collective, à l'obligation *in solidum*, cette seconde situation annoncée par nous et qui n'est plus la solidarité proprement dite. Ce sont ces textes qui ont amené notre collègue à proposer sa distinction. Mais un rapprochement avec les divers procédés de cautionnement, usités à Rome, ne pourrait-il pas donner à l'opinion exposée une certaine couleur de vraisemblance? Pour épargner au créancier, qui veut avoir des cautions, l'inconvénient et le danger de la *litis contestatio*, pour lui permettre de poursuivre successivement et jusqu'à complète satisfaction tous ses débiteurs principaux et accessoires, la pratique avait imaginé et fait consacrer, à côté de la fidéjussion, un second mode de garantie, le *mandatum pecuniæ credendæ*, dans laquelle ne se produisait plus cet effet de la *litis contestatio*. Le créancier qui voulait obtenir de son débiteur des cautions, avait désormais le droit d'exiger de lui des *mandatores* : il ne consentait à faire crédit qu'autant qu'on lui donnerait mandat de prêter : c'est ainsi que les choses devaient le plus souvent se passer : les *mandatores* ne venaient pas spontanément s'offrir : ils donnaient au capitaliste leur espèce de mandat, après avoir reçu du débiteur principal un mandat véritable : ils accomplissaient ce dernier, en donnant le premier. Dès lors le créancier, qui n'aurait pas pu poursuivre successivement le débiteur principal et des fidéjusseurs, avait la possibilité de poursuivre les *mandatores*, après avoir vainement sollicité son paiement du débiteur principal. N'est-il pas vraisemblable, pourrait-on dire, que dans la matière de la solidarité, si voisine par son but de celle du cautionnement, le même phénomène s'est produit, que le créancier a pu, à son choix, avoir comme répondants des débiteurs solidaires parfaits, analogues aux fidéjusseurs, ou des débiteurs solidaires imparfaits, analogues aux *mandatores* ?

Je concède que vers le Bas-Empire, à une époque qu'il est impossible de préciser, nous rencontrons quelque chose qui se rapproche de cette double solidarité, et qui résulte de cette convention, ajoutée à la clause de solidarité et écartant au profit du créancier l'effet extinctif de la *litis contestatio*. Mais cette convention ne nous est connue que par la constitution 28 de Justinien, et aucun texte de l'époque classique, de l'époque où déjà existe le *mandatum pecuniæ credendæ*, ne fait allusion, en matière de solidarité, à une convention de ce genre ; la *litis contestatio* avait un caractère d'ordre public : il ne dépendait pas des particuliers d'en écarter l'application. Dans le système que je combats, la clause expresse ou tacite, qui, à la solidarité complète substituerait la solidarité incomplète, n'aurait d'autre but que d'éluder l'effet de la *litis contestatio*. Sans doute, dans le cautionnement, on est arrivé à ce résultat, mais on a eu recours à un autre contrat, au mandat qu'on a détourné de sa fonction normale. Dans la solidarité, ce serait le même contrat, la stipulation, la vente, qui, d'après la convention, engendrerait l'une ou l'autre solidarité. Aucun texte ne vient à l'appui d'une pareille conjecture : pour la stipulation, notamment, nous ne connaissons qu'une manière d'établir la solidarité; nous n'avons pas deux *verborum conceptiones*, dont l'une aboutirait à la corréalité, et l'autre à la solidarité.

Si les textes résistent à cette distinction, les principes y sont également contraires. Le créancier peut poursuivre le *mandator* après avoir déjà poursuivi le débiteur principal parce que la seconde poursuite est réputée ne pas avoir le même objet, la même *res* que la première : le *mandator* ne peut pas invoquer la maxime : *bis de*..... Comment en serait-il ainsi quand un créancier a reçu la promesse solidaire de deux ou plusieurs débiteurs principaux ? Ils doivent tous nécessairement *eamdem rem* : il ne dépend pas de leur volonté, d'accord avec celle du créancier, d'une convention intervenue entre eux, de faire qu'ils doivent *diversas res*. Dès lors, ils sont en position de se prévaloir de l'effet extinctif de la *litis contestatio*, nonobstant toute clause contraire, car tous les pactes ajoutés, même *in continenti*, à un contrat, ne sont pas permis; il faut en excepter ceux qui sont contraires à des règles d'ordre public.

Notre conclusion est donc : 1° que la solidarité véritable, parfaite (corréalité), ne peut résulter que de la volonté de l'homme (contrat ou testament); 2° qu'insérée dans un contrat, elle présente toujours les mêmes caractères, engendre toujours les mêmes effets; que le contrat qu'elle affecte soit un contrat *stricti juris* ou un autre, sauf, bien entendu, les différences que les principes généraux du droit consacrent entre les contrats *stricti juris* et les contrats de bonne foi.

Ainsi, la responsabilité à raison des fautes commises par les débiteurs dans l'accomplissement de leur obligation, est, de droit commun, moins étendue, quand l'obligation est contractuelle et sanctionnée par une *condictio* : le débiteur n'est tenu que de ses faits actifs, de ses imprudences. Celui qui est engagé dans un *negotium bonum fidæi*, répond en outre de ses négligences.

Une seconde différence, touchant le bénéfice de division, paraît n'avoir été qu'une opinion de jurisconsulte. Le bénéfice de division introduit par l'empereur Adrien au profit des fidéjusseurs qui rendent presque toujours un service gratuit, ne compromet guère le paiement du créancier, qui n'est tenu de diviser ses poursuites qu'entre les fidéjusseurs actuellement solvables. Le jurisconsulte Marcellus (*f.* 47, *locati* XIX, 2), frappé sans doute du peu d'inconvénient de ce bénéfice pour le créancier, et de ses avantages pour les fidéjusseurs, proposait de l'étendre aux débiteurs solidaires, obligés par un contrat de bonne foi : l'équité faisait au créancier, certain de recouvrer l'intégralité de sa créance, un devoir de ne pas obliger l'un des débiteurs solidaires à faire l'avance de la totalité de la dette. Jamais pareille proposition ne semble avoir été avancée dans les contrats *stricti juris*, et même elle n'a pas triomphé dans les contrats de bonne foi (Valér et Gall., C. 13, *locati* IV, 65); le bénéfice de division est, sauf une clause spéciale insérée au contrat, refusé aux débiteurs solidaires. « La solidarité, dit M. Labbé (Inst. d'Ortolan, t. III, p. 826), est destinée à procurer au créancier non-seulement une plus grande certitude de paiement, mais encore une plus grande facilité de poursuites. L'exception de division enlèverait au créancier une partie de ces avantages. » La Novelle 99 de l'empereur Justinien avait été généralement interprétée en Allemagne comme octroyant le bénéfice de division à tous les débiteurs solidaires (V. Savigny, *Le droit des obligations*, § 26).

Je proposerai, avec quelque hésitation toutefois, une dernière différence, relative au bénéfice de cession d'actions, qui n'est d'ailleurs qu'une des faces du problème plus général du recours entre codébiteurs solidaires, du règlement définitif de l'affaire qui avait motivé l'engagement solidaire. Mon intention n'est pas de rentrer à nouveau dans la discussion de ce problème : il a été magistralement traité par notre regretté collègue, M. Machelard (*Observations sur la corréalité*), et par M. Labbé (Appendice à ces Observations, et Appendice aux Instituts d'Ortolan, p. 900). Je ne voudrais à ces savantes et décisives dissertations, auxquelles je suis heureux d'adhérer, ajouter que quelques observations.

Entre codébiteurs obligés solidairement, la loi française

admet de droit l'existence d'un rapport juridique, qui ouvre à celui qui désintéresse le créancier, un droit et une action en recours contre les autres : cette action a sa base, soit dans l'affaire commune à l'occasion de laquelle la solidarité a été contractée (société, indivision), soit dans un mandat ou une gestion d'affaires. Si la dette solidaire ne concerne que l'un des débiteurs, les autres seront vis-à-vis de lui des mandataires, et entre eux des gérants d'affaires : celui d'entre eux qui aura payé la totalité de la dette, aura recours comme mandataire contre l'unique intéressé, et contre chacun des autres, à défaut d'arrangements intervenus entre eux, comme gérants d'affaires : il a fait leur affaire en payant ce qu'ils devaient et en leur procurant leur libération.

Le droit romain, qui en fait de droits et d'actions, même de bonne foi, n'accorde que le strict nécessaire, n'est pas parti du même principe : le fait de s'obliger solidairement avec d'autres et de payer ensuite ne suffit pas pour créer entre les débiteurs, quoique obligés à la même chose, une relation qui leur permette de recourir l'un contre l'autre : la solidarité romaine consiste uniquement dans le règlement des droits du créancier contre les débiteurs, dans le droit de poursuite : quant aux rapports des débiteurs entre eux, à la contribution, c'est affaire étrangère à la solidarité : que les débiteurs qui s'obligent solidairement, aient soin de prendre d'avance leurs précautions : qu'ils stipulent réciproquement les uns des autres : sinon, en l'absence de société ou de mandat, ils n'auront pas de recours les uns contre les autres; ils seront dits *rei promittendi non socii* : telle paraît bien être la solution qui découle des textes. Est-elle bien conforme aux principes de la gestion d'affaires? Il est permis d'en douter. La caution qui s'oblige, sans mandat, pour donner ou rendre au débiteur un crédit que celui-ci n'a pas ou n'a plus, fait l'affaire de ce débiteur, et a droit contre lui à un recours en qualité de gérant : elle a fait acte de gestion, elle a rendu service en s'obligeant, en se portant caution. Le débiteur solidaire ne peut-il pas tenir le même langage? Est-ce que deux personnes, qui s'obligent solidairement, ne se rendent pas un mutuel service, ne se procurent pas réciproquement un crédit qui leur fait défaut à chacune isolément? N'est-ce pas là leur intention, en les supposant intéressées toutes deux à l'opération, de faire l'affaire l'une de l'autre, et si la dette ne concerne que l'une d'elles, n'est-ce pas la pensée de l'autre de faire l'affaire de son codébiteur? Les jurisconsultes romains l'ont bien compris en une autre matière, celle de l'intercession et du S. C. Velléien : ils envisagent comme un acte d'intercession, d'immixtion dans les affaires d'autrui, et ils traitent comme tel, le fait de la part d'une femme de s'engager solidairement avec d'autres, de se porter *rea promittendi*, alors qu'elle n'est pas seule à profiter de l'opération. Pour la fraction de la dette qui ne l'intéresse pas, pour la totalité, si elle n'a pas d'intérêt propre, elle est considérée comme intercédant, faisant l'affaire d'autrui, et elle bénéficie de la protection du S. C. Velléien. V. Afric., f. 17, § 2, ad S. C. Vell. XVI, 1 (Cp. Ulp., f. 7, § 1, *De S. C. Macedon.*, XIV, 6).

Si telle est la vérité, ne conviendrait-il pas d'accorder au débiteur solidaire qui a payé, et en payant, exécuté et consommé la gestion d'affaires par lui assumée au moment du contrat, un recours et une action de gestion d'affaires? Les textes ne sont pas favorables à cette interprétation : le seul qu'on puisse citer, et qui a déterminé M. Bonnier (Append. aux Instit. d'Ortolan, t. III, p. 832) à admettre une action utile, se réfère à un cas de responsabilité collective, de solidarité imparfaite. V. Demangeat, p. 225 et suiv.; Savigny, *Obligat.*, § 23, notes 1 et suiv.

Mais si le débiteur solidaire *non socius* n'a pas de son chef de recours contre ses codébiteurs, peut-il du moins exiger, par voie d'exception, la cession des actions du créancier? Les uns lui refusent cette faveur. Accarias, n° 551 : les autres, en plus grand nombre, la lui accordent. Machelard et Labbé (*ll. cit.*); Demangeat, p. 248 et suiv. A cette seconde opinion qui me paraît être la vraie, je ne veux proposer que ce complément, commandé, me semble-t-il, par les principes généraux. A un débiteur solidaire, enchaîné par une action *stricti juris*, le créancier n'est tenu de céder ses actions qu'en l'état où elles se trouvent au moment de la réquisition : il n'est pas responsable, sauf peut-être le cas de dol, d'avoir perdu ou énervé ses moyens d'action. Le débiteur solidaire, engagé par un *negotium bonæ fidæi* peut, au contraire, repousser le créancier qui a, par sa faute, perdu ou affaibli les actions qu'il avait : il peut le repousser dans la limite du préjudice qui lui est causé. Au premier je serais disposé à appliquer les principes de la *fidejussion*, au second ceux du *mandatum pecuniæ credendæ*, et comme, dans notre droit, tous les contrats sont devenus des contrats de bonne foi (C. civ., art. 1134, *in fine*), je ne verrais dans la disposition de l'article 2037 qu'une application d'un principe général, susceptible d'être invoqué même par les débiteurs solidaires, surtout par ceux qui n'ont pas d'intérêt à l'opération. Mais je n'ignore pas que l'argument tiré de la place de l'article a fait hésiter la majorité des auteurs et la jurisprudence, et contre ma proposition en droit romain on sera porté à faire une objection de même ordre.

A côté de la solidarité constituée par la volonté de l'homme, les législations modernes ont reconnu un certain nombre de cas dans lesquels la solidarité a lieu de plein droit, en vertu d'une disposition de la loi. Il serait intéressant de rechercher si tous ces cas répondent bien à la notion de la solidarité, telle qu'elle résulte de la tradition et de l'article 1200 du Code civil : « *obligation à une même chose;* » notamment si les codélinquants, qui ont été condamnés chacun à des amendes distinctes, peut-être inégales, peuvent être dits obligés solidairement dans toute la vérité et la force de l'expression, s'il peut y avoir là, ainsi que dans plusieurs autres situations, matière à la solidarité normale et parfaite. Mais je ne veux pas débattre et trancher une question, si grosse de difficultés, en droit français. Elle n'existait pas, je crois, en droit romain. La solidarité légale n'y présente pas l'importance qu'elle a acquise depuis. Sauf le cas de plusieurs fidéjusseurs, cautions de la même dette, et qui, même obligés par des contrats séparés, sont bien *rei promittendi*, parce qu'ils doivent *idem*, on ne peut guère citer qu'une circonstance, dans laquelle il y a solidarité de plein droit, et encore il faut en chercher la preuve dans une œuvre littéraire, attribuée communément à Cicéron (*ad Herennium*, II, 13). Les banquiers associés auraient été tenus solidairement des dettes sociales (*Arg. en ce sens* : Paul, f. 25 pr., *De pactis*, II, 14). Mais était-ce là un cas de solidarité véritable? n'y avait-il pas plutôt, comme le dit Savigny (*Obligat.*, § 17, note *m*) une application des règles de

l'institoria actio? Ne conviendrait-il pas d'expliquer de la
même façon la décision rapportée au f. 44, § 1 *de ædil. ed.*,
XXI, 1, dans lequel le jurisconsulte Paul déclare que les mar-
chands d'esclaves en société sont obligés envers leurs acheteurs *in solidum* des actions *redhibitoria* et *quanti minoris*. Le
motif donné par le jurisconsulte « *ne cogeretur emtor cum
multis litigare* » se rapproche beaucoup de celui que nous trou-
vons dans le f. 2 *de exercit.*, act. XIV, 1, où, pour justifier
l'obligation *in solidum*, pesant sur plusieurs *exercitores*, qui
ont le même *magister*, Gaius dit « *ne in pluves adversarios dis-
tringatur, qui cum uno contraxerit.* » Dans le système proposé
par M. Demangeat, il y aurait beaucoup d'autres cas de solidarité légale ; aux pages 154, 185 et 339, le savant auteur
des obligations solidaires admet que d'après les circonstances,
la nature de l'objet on pourra admettre la solidarité, sans
clause spéciale, entre certains débiteurs ; et à la page 169, il
paraît admettre que dans les quasi-contrats sanctionnés par
une *condictio*, il pourra aussi y avoir solidarité légale. Nous
ne reproduirons pas la réfutation, déjà présentée, de cette
manière de voir. Des textes cités par M. Demangeat, celui
qui a trait aux obligations quasi-contractuelles n'est pas
probant : les autres s'occupent de la responsabilité collective,
qui est légale, mais qui n'est pas la solidarité véritable. C'est
à elle que nous arrivons.

II. DE LA RESPONSABILITÉ COLLECTIVE.

Deux ou plusieurs personnes ont, par leur faute, causé à
autrui un dommage : chacune en est responsable pour le tout,
in solidum : la partie lésée a le droit de demander à l'une
d'elles le montant intégral des dommages-intérêts qui lui sont
dus : mais quand elle est complètement désintéressée par
l'une, elle perd son droit contre les autres. Quelle est l'origine, quel est le fondement juridique et rationnel de cette
proposition? quelle en est la portée?

Un préjudice peut être occasionné à un individu par un
autre dans deux ordres de circonstances. Cela peut se produire d'abord en dehors de tout rapport juridique préexistant,
entre deux personnes jusque-là complètement étrangères l'une

à l'autre. Pierre tue ou blesse, par méchanceté ou simple imprudence, le cheval de son voisin : il lui dérobe une partie de sa récolte. Empruntant le langage des Romains, nous appelons ce fait un délit ou un quasi-délit. Un résultat analogue peut arriver entre deux personnes déjà liées l'une à l'autre par un rapport d'obligation : Pierre, débiteur par contrat ou quasi-contrat d'une prestation ou d'une série de prestations, a, dans l'accomplissement de son obligation, fait tort à son créancier; dépositaire, il a mal gardé la chose déposée, qui s'est détériorée; tuteur, il a imparfaitement géré les affaires de son pupille, qui en a souffert.

Dans les sociétés primitives et surtout dans la première situation la plus fréquente, peut-être aussi dans la seconde, celui qui est par un de ses semblables offensé, atteint dans son bien, cherche à se rendre à lui-même la justice que le pouvoir social est encore impuissant à lui procurer. Le mal qu'il inflige à son ennemi, donne satisfaction d'abord et principalement au sentiment de vengeance que l'injustice a soulevé en lui, et subsidiairement au dommage pécuniaire qu'elle a pu lui causer. En présence de plusieurs auteurs du même fait, la passion qui ne raisonne pas, pousse l'individu lésé à tirer vengeance de tous les coupables : chacun d'eux est exposé à être frappé, atteint comme s'il était l'unique auteur de l'acte délictueux.

Désireux d'échapper à cette vengeance qui le menace, l'offenseur va essayer de faire la paix avec l'offensé, de transiger (*pacisci*) avec lui moyennant une satisfaction pécuniaire à débattre entre eux; et bientôt, pour éviter de la part de l'un des prétentions exagérées, qui empêcheraient la transaction et laisseraient subsister l'état de guerre, la coutume intervient et fixe des tarifs de composition ou de rachat : au droit de vengeance elle substitue le droit à une rançon, à une amende, qu'elle impose à la fois à l'offenseur et à l'offensé. A ce moment de l'évolution juridique, on peut dire que toute injustice, tout fait dommageable entraîne contre son auteur l'application d'une peine pécuniaire, attribuée à la victime sous la forme d'une créance. Cette peine a le double effet d'apaiser le sentiment de vengeance et d'indemniser la partie lésée du tort pécuniaire qui lui a été causé : mais ici encore la

réparation civile est comme noyée et absorbée dans la peine :
ce que doit le coupable, c'est moins une indemnité à raison
du dommage causé par sa faute qu'une amende à raison du
délit par lui commis (1). Quand il y aura plusieurs coupables,
tous seront tenus de se racheter : la paix (*pactum*) faite avec
l'un ne profitera qu'à lui : les autres devront aussi la rançon.
Tous les auteurs d'un fait dommageable sont constitués débiteurs *in solidum* de l'amende : la *pœna* est due autant de fois
qu'il y a de coupables. Le paiement émané de l'un n'a pas, et
ne peut pas avoir pour effet de libérer les autres, car il y a
autant d'offenses à racheter qu'il y a d'auteurs. Les jurisconsultes diront plus tard , pour expliquer et légitimer cette
décision, qu'il importe de les châtier tous.

En se plaçant à ce point de vue, on s'explique en outre que
le montant de l'amende, l'objet de la créance se mesure moins
à la culpabilité de l'agent et à l'étendue du préjudice causé
qu'au ressentiment de la victime : la vengeance réclame plus
que la réparation du dommage. On s'explique de même l'in-
transmissibilité de ces sortes de créances, des actions pénales
contre les héritiers du coupable : l'héritier ne succède pas
aux inimitiés de son auteur. Plus tard on dira, avec beaucoup
plus de vérité, que la peine est personnelle, parce qu'elle est
destinée à amender le coupable. Paul, f. 20, *De pœnis,*
XLVII, 19.

Le système que nous venons d'esquisser, se retrouve encore presque intact à l'époque historique de la législation
romaine, dans le délit le plus large, celui dont la formule
(*damnum injuria datum*) engloberait toutes les injustices possibles, si elle n'était délimitée par l'énumération limitative de
la loi. Le délit de la loi Aquilie, l'origine de l'article 1382 du
Code civil, donne ouverture au profit de la victime à une
créance unique, qui tend principalement à punir le coupable,
et accessoirement à indemniser le propriétaire atteint dans sa
fortune. L'action, attachée à cette créance, est dite mixte :

(1) Il est bien difficile de se faire du droit romain une idée exacte, surtout dans la partie relative aux délits privés, si on ne se pénètre pas de ces
précédents historiques. Il faut lire les §§ 11 et 12 de l'Esprit du droit romain d'Ihering, et sa brochure : *De la faute en droit privé,* qui en est le
développement.

mais dans le mélange, il y a un élément qui l'emporte de beaucoup sur l'autre : c'est l'élément pénal. Le délit consiste en un dommage causé : mais il a pour principale conséquence l'application d'une peine, et non pas la réparation d'un dommage, qui n'apparaît qu'au second plan. Aussi les jurisconsultes n'hésitent pas à qualifier l'action de *actio pœnalis*. Le chiffre de la créance n'est pas calculé sur l'étendue du préjudice. La dette du coupable s'éteint avec lui (1), et quand plusieurs ont commis de concert le délit, la victime a autant de créances qu'il y a de délinquants : « *quod alius præstitit, alium non relevat, cum sit pœna.* » Ulpien, f. 11, § 2 *ad L. Aquil.*, IX, 2. La responsabilité est toujours collective, l'obligation est *in solidum* dans le sens primitif et avec la portée originaire.

Mais il y a un délit contre les biens, variété la plus fréquente et la plus dangereuse du *damnum injuria datum*, pour lequel la jurisprudence romaine s'est écartée de ce système, c'est le délit de *furtum* (2). Primitivement il n'engendrait qu'un droit. Cela est évident, lorsque le *furtum manifestum* était frappé d'une peine capitale : le *fur, addictus ei cui furtum fecerat*, ne pouvait pas être débiteur. Le volé, victime d'un *furtum nec manifestum*, n'avait qu'une créance : l'*actio furti* était mixte, et embrassait la réparation du dommage; la formule *pro fure damnum decidere oportere* paraît bien le montrer, et la *condictio furtiva* n'existait pas encore (Gaius, c. IV, §§ 18 et 19. V. en ce sens Savigny, t. V, § 211, note 6. Desjardins, *Du vol dans l'antiquité*, n° 149, et les autorités citées). Si donc il y avait plusieurs voleurs, il naissait au profit du volé autant de créances et d'actions que de coupables.

(1) Les jurisconsultes atténueront le caractère pénal de la créance et de l'action : 1° en donnant une action *in factum* (née *quasi ex contractu*) contre les héritiers du coupable jusqu'à concurrence de ce dont ils sont enrichis; 2° en ne permettant pas à la victime de cumuler l'*actio legis Aquiliæ* avec d'autres actions en dommages-intérêts. Mais ces adoucissements, qui constituent des progrès, n'ont pas été admis sans difficultés. Paul, f. 34, § 2, *De O. et A.*, XLIV, 7.

(2) Je ne parle pas de la *rapina*, qui n'est qu'un *furtum* avec la circonstance aggravante de violence, ni du délit d'injures qui, ne causant pas de dommage pécuniaire, ne rentre pas dans mon étude, et n'engendrera jamais qu'un seul droit et une seule action.

Cette confusion du châtiment et de la réparation a cessé à l'époque classique : la jurisprudence a dégagé, pour ce cas au moins, les deux notions de peine et de dommages-intérêts, et la victime d'un vol a désormais deux créances, une créance d'amende avec l'*actio furti*, et une créance d'indemnité avec la *condictio furtiva*. La première demeure soumise à toutes les règles qui la gouvernaient déjà ; notamment quand le vol a été commis par plusieurs, chacun est obligé *in solidum*, en ce sens que tous doivent l'amende entière, et que la satisfaction procurée par l'un à la victime, n'a aucun effet libératoire au profit des autres. Il importe que tous soient punis, ou, comme le dit Ulpien (f. 21, § 9, *De furt.*, XLVII, 2), le délit ne se divise pas ; chacun est réputé l'avoir commis en totalité ; chacun peut être considéré comme étant individuellement l'auteur exclusif du fait, et chacun doit être châtié comme s'il l'avait seul commis. La seconde créance, de création plus récente, est dominée par un principe différent, le principe qui est devenu celui de l'article 1382 du Code civil : son but, ce n'est plus la punition du coupable, c'est la réparation du tort causé. Aussi son montant n'excédera pas ce tort ; les héritiers du voleur seront tenus comme l'auteur lui-même : c'est une dette qui frappe la personne juridique et non plus la personne physique, qui affecte le patrimoine ; enfin si le vol est le fait de plusieurs, chacun est bien responsable *in solidum* du préjudice causé : car chacun est en faute, et comme la faute de l'un ne supprime ni n'atténue la faute de l'autre, chacun est obligé à l'entière réparation du dommage, est responsable comme s'il avait seul commis le fait. Mais, à la différence de ce qui a lieu pour la créance d'amende, quand la victime est entièrement désintéressée par l'un des débiteurs, son droit contre les autres se trouve perdu ou au moins énervé. L'objet de sa créance, c'est uniquement la réparation du dommage : le dommage réparé, *nihil jam interest creditoris*. Dioclét. (C. 1. *De cond. furt.*, IV, 8) établit nettement l'opposition entre les deux créances et actions. Les voleurs sont tenus *in solidum* de la créance civile comme de la créance pénale ; mais avec une signification et une portée différentes dans les deux cas.

Les magistrats, dans leur édit, ont déclaré délictueux beaucoup de faits qui jusque-là ne s'étaient pas ou presque pas commis : ils ont, suivant le langage des textes, créé beaucoup d'actions pénales, *multas, in numerabiles actiones pœnales* (*Inst. de Just.*, iv, 6, § 12). Quand les faits, par eux visés, occasionnent un dommage pécuniaire, ils auraient pu, ils auraient dû, à l'imitation de ce qui existait en cas de *furtum*, attribuer à la victime deux créances et deux actions, l'une en paiement d'une amende, l'autre en réparation du préjudice qui, à la différence de la première, aurait pris tous les attributs de la *condictio furtiva*. Ils ne créent qu'une seule action, ne donnent à la partie lésée qu'une créance, et cette action, cette créance est pénale (1). Mais cette action, toute pénale qu'elle est, l'est moins déjà que l'action de la loi Aquilie. Il y a progrès. L'objet de la créance sera ordinairement limité au montant du préjudice : il n'y aura pas de calcul artificiel comme dans le délit de la loi Aquilie, et quand plusieurs se seront rendus coupables du même quasi-délit, la partie lésée ne pourra obtenir et encaisser qu'une fois l'amende qui lui est due : les auteurs du fait sont obligés *in solidum* comme le sont des voleurs tenus de la *condictio furtiva*. M. Demangeat (p. 179) avoue qu'il n'aperçoit pas la raison de différence entre cette décision et celle, toute différente, donnée à propos du délit de la loi Aquilie. La raison est historique : c'est un progrès (V., pour le quasi-délit du dol, Ulp., f. 17 pr., *De dolo*, iv, 3, et pour d'autres, Ulp., f. 14, § 15, *Quod metus*, iv, 2 ; f. 1, § 4, *De eo per quem*, ii, 10, etc.).

Dans le domaine des obligations contractuelles et quasi-contractuelles, quand un préjudice a été, par la faute commune de plusieurs débiteurs, causé au créancier, nous rencontrons également cette responsabilité collective (obligation *in solidum*) que nous venons de constater dans les délits et quasi-délits. Beaucoup de créances qui sont, à l'époque his-

---

(1) La ligne de démarcation entre la peine et l'indemnité n'était peut-être pas encore aussi nettement établie qu'elle le sera plus tard. Où les innovations prétoriennes sont-elles antérieures à la *condictio furtiva?* Où les pouvoirs des magistrats ne consistaient-ils originairement que dans le droit de prendre des mesures de police? Les actions édilitiennes sont qualifiées d'actions pénales par Ulp. (f. 23, § 4, *De œdil.*, éd. xxi, 5); l'action *de pecunia constituta* était annale *in certis speciebus*, et le propre de l'action pénale prétorienne c'est son annalité. Cf. Girard, *Nouv. Rev. hist.*, 1884, p. 410.

torique et classique, des créances contractuelles et quasi-contractuelles et engendrent des actions en réparation civile, toutes, peut-être, ont commencé par être des créances délictuelles, et par donner naissance à des actions pénales, soit civiles, soit prétoriennes. Ceci a été magistralement et victorieusement établi par Ihering (*De la faute en droit privé*, trad. Meulenaere, p. 31 et s. : V. égal. Thaller, *Nouv. Rev. histor.*, 1884, p. 463). Avec l'origine religieuse, sacrée, qu'on a très ingénieusement proposé de donner à la stipulation, vestige d'une formule antique de serment (V. Girard, *Nouv. Rév. hist.*, 1883, p. 591 et les autorités citées), celui qui violerait sa promesse (*promissio*) commettrait une espèce de sacrilège et serait passible d'une peine : il serait alors vrai de dire, avec la portée la plus absolue, qu'il y a eu « un état primitif de civilisation, dans lequel toute injustice est un délit, suscite un sentiment de vengeance et provoque l'application d'une peine (Labbé, *Inst. d'Ortolan*, t. III, p. 808). L'*actio auctoritatis*, ouverte à l'acquéreur évincé et ayant pour objet le double du prix d'aliénation, était une action pénale *sui generis* (Girard, *Nouv. Rev. hist.*, 1882, p. 212 et s.). Les actions édilitiennes étaient des actions pénales. Ajoutons les nombreuses applications de l'action *de dolo*. On ne voit guère que les côtés défectueux de cette création prétorienne. Mais pour l'apprécier à sa juste valeur, il faut se reporter à l'époque où elle apparut, ce fut un immense bienfait que la construction de la *formula de dolo* par le préteur Aquilius Gallus. Je ne veux rapporter, en dehors de son domaine proprement dit, que l'application qui en fut faite aux conventions, appelées à en devenir plus tard les contrats innomés. Elles n'étaient pas encore sanctionnées par l'action *præscriptis verbis* : la *condictio ob causam datorum* ou n'était pas inventée ou ne pouvait pas être donnée : le copactisant qui a exécuté sa promesse et qui n'obtient pas l'exécution volontaire de la promesse corrélative, agira *quasi ex delicto*, se prétendra créancier d'une *pœna* avec l'action *de dolo* (Paul, f. 5, § 3, *De præscr. verb.*, xix, 5). Le dépôt, le commodat ne sont pas encore des contrats se formant *re* : le déposant, le commodant qui ont eu foi en la loyauté d'un ami, qui auraient regardé comme injurieux d'exiger de lui une promesse par stipulation et qui ne peuvent arriver à la restitution de la chose prêtée ou déposée, seront, pour ce manque de foi, créanciers *quasi ex delicto* avec l'action *de dolo*. N'est-ce pas là cette *formula in factum* dont nous parle Gaius, c. iv, § 47. Notre savant collègue, M. Desjardins (*Revue hist.*, 1867, p. 122) admet, lui aussi, que la *formula in factum* a précédé la *formula in jus*. Mais ne faut-il pas faire un pas de plus, et dire que la *formula in factum* (la lecture le prouve) est la *formula de dolo*, adoptée au cas particulier? Enfin, l'existence de l'action *de rationibus distrahendis* contre le tuteur infidèle, action pénale, ne se comprend et ne présente d'utilité sérieuse qu'autant qu'on admet qu'elle existait seule à l'origine.

Dans tous ces cas et dans d'autres, s'il y a plusieurs co-délinquants, tous, pour les raisons déjà indiquées, seront responsables *in solidum;* tous devront la peine : mais quand l'un d'eux aura indemnisé complètement le créancier, le droit et l'action qu'il avait contre les autres s'évanouiront. Ainsi en sera-t-il de plusieurs tuteurs (Tryphon., f. 55, § 1, *De admin. et peric. tut.*, xxvi, 7 : V. Pothier, *Pandectes, ad hanc legem*, au tit. *De tut. et rat. distrat.*, n° 59, notes 4 et 5).

Mais ces situations, et d'autres dans lesquelles on n'avait vu d'abord que des délits, sont devenues des contrats et des quasi-contrats : là où la coutume primitive ne voyait qu'un délit à punir et une peine à infliger, le droit postérieur a reconnu des rapports contractuels et quasi-contractuels et a institué des actions qui n'ont plus rien de pénal et qui tendent exclusivement à obtenir la réparation du préjudice causé (1). Le principe de responsabilité collective, en présence de plusieurs débiteurs, tous coupables de faute envers le créancier commun, sera maintenu, et ce sera justice.

---

(1) Les jurisconsultes continuent à appeler *delictum* le fait dommageable, et *pœna* la créance en réparation (Ulp., f. 1, § 14, *De tut. et rat.*, xxvii, 3. — Paul, f. 49, *De O. et A.*, xliv, 7), et c'est peut-être par relation à cet état primitif qu'ils disent : *Obligatio perpetuatur culpa debitoris.* Autrefois, quand il n'y avait que délit, il n'y avait pas *perpetuatio obligationis :* la dette s'éteignait avec le débiteur. Plus tard, il y a eu *perpetuatio*, car ce n'est plus une dette de peine, mais une dette de dommages-intérêts (Cf. Labbé, *De quelques diffic. relat. à la perte*, p. 15 et s.).

Cela est bien évident, si nous supposons qu'il soit intervenu pour vivifier ou corroborer le rapport juridique des stipulations entre les débiteurs et le créancier : chaque tuteur a promis séparément *rem pupilli salvam fore;* chacun des dépositaires de la même chose a, sans clause de solidarité, promis par des stipulations distinctes la restitution de la chose au déposant. Chacun d'eux se trouve engagé en vertu d'une promesse qui a son existence propre et personnelle : le pupille ou le déposant a le droit d'actionner *in solidum* chacun de ses débiteurs, l'un quelconque des tuteurs, *qui rem pupilli salvam non fecerunt,* ou des dépositaires qui ont détérioré ou détruit la chose déposée. Mais quand le pupille ou le déposant aura été satisfait par l'un, il perdra son droit contre les autres, *cum nihil absit, quia nihil jam interest.*

La stipulation n'a pas été employée : le rapport juridique a été sanctionné par une action de bonne foi, *actio tutelæ, actio depositi.* Le principe ne sera pas modifié. Les tuteurs, entre lesquels l'administration de la fortune du pupille n'a pas été divisée, sont préposés à la garde de toute cette fortune, et quand tous ont, par une faute commune, préjudicié au pupille, chacun d'eux lui doit réparation intégrale, car chacun est tenu de conserver le bien du pupille, d'accomplir une série de faits qui sont indivisibles. Il existe entre eux, vis-à-vis du pupille, une espèce d'obligation indivisible, chacun d'eux est responsable *in solidum.* Tryphon., f. 55 pr., *De admin. et peric. tut.,* XXVI, 7. Deux personnes qui consentent à garder en commun la chose d'autrui, s'obligent implicitement à apporter à la garde la même diligence que s'ils s'en chargeaient seuls; la chose déposée a subi un dommage par le dol de tous, chacun est responsable *in solidum* envers le déposant, comme il le serait s'il s'était obligé par stipulation. L'obligation, ici encore, consiste dans l'exécution de faits qui ne comportent pas de division, elle est indivisible. Ulp., f. 1, § 43, *Depos.,* XVI, 3; *id.,* f. 5, § 15, *Commod.,* XIII, 6. Comme dans le système des quasi-délits prétoriens, quand le créancier aura été complètement désintéressé par l'un de ses débiteurs, son droit contre les autres disparaîtra. Ulp., f. 15, *De tut. et rat.* Sous ce rapport, la situation du créancier ne s'est pas modifiée.

Mais à d'autres égards, cette situation s'est améliorée : l'équité va recevoir une satisfaction plus complète ; ce sera le dernier terme de l'évolution. Le créancier, devenu créancier contractuel ou quasi-contractuel, ne réclame plus une peine, mais une indemnité; il peut en poursuivre le recouvrement contre l'héritier de l'un quelconque de ses débiteurs avec la même étendue que contre l'auteur du fait dommageable. En outre, il n'a plus droit seulement à la réparation du tort causé par le fait actif, l'imprudence de ses débiteurs, il peut leur imputer à faute leurs négligences, suivant le degré de responsabilité que comporte chaque contrat. Alex., C. 2, *Si tutor non gesserit*, v. 55.

Le même résultat se produit dans tous les contrats et quasi-contrats où peut s'élever la question de responsabilité à raison d'une faute commune de deux ou plusieurs personnes ; ainsi en cas de bail, quand les locataires de la même chose sans clause de solidarité, ont détérioré ou négligé l'un et l'autre la chose louée ; de même dans la vente, quand deux vendeurs non solidaires de la même chose ont par une faute commune causé un dommage à l'acheteur. Ce sont les mêmes principes qui dominent également deux situations, qui ont été invoquées quelquefois à l'appui des théories que nous repoussons sur la distinction des deux espèces de solidarité : je veux parler du mandat qualifié, *mandatum pecuniæ credendæ*, et de la convention de constitut, *pactum de pecunia constituta*. Un capitaliste, auquel était demandée une avance d'argent, a exigé préalablement l'accession de plusieurs cautions, et ces cautions ce sont des *mandatores pecuniæ credendæ*. Ces *mandatores* ont pu d'abord, parce que telle a été la loi du créancier, s'engager envers lui comme *rei promittendi :* il y a eu entre eux et lui une clause de solidarité insérée dans le *mandatum*. Ils sont des débiteurs solidaires dans toute la force du terme, comme le seraient plusieurs mandants ordinaires, plusieurs associés, par exemple, qui auraient, en s'obligeant solidairement, confié à un ami la gestion de leur fortune commune; notamment la *litis contestatio* faite *in solidum* par le créancier avec l'un des *mandatores*, aura pour effet de libérer les autres, car ils avaient tous promis *idem debitum, eamdem rem*. Mais il peut se faire aussi qu'ils aient donné séparément mandat au créancier de consentir l'avance, chacun d'eux a promis de l'indemniser de tout le préjudice qu'il pourrait éprouver, chacun n'a pas promis *eamdem rem*. Le banquier a le droit de réclamer à chacun *solidum debiti* : mais quand il est désintéressé par l'un , son droit contre les autres disparaît faute d'intérêt. Paul, f. 59, § 3, *Mandati*, xvii, 1 ; Papin., f. 52, § 3, *De fidej.*, xlvi, 3.

Nous proposons la même distinction en présence d'un pacte de constitut, conclu par plusieurs personnes, soit pour une dette qui leur est propre , soit pour la dette d'autrui. Ou il y a eu une clause de solidarité insérée dans la convention, et les constituants sont *rei promittendi* (Ulp., f. 16 pr., *De pec. const.*, xiii, 5); ou ils ont, par des pactes séparés, promis *se soluturos ;* ils sont tenus en vertu d'une promesse distincte, et ils ne sont pas des débiteurs solidaires, ils ne sont que responsables *in solidum* (Cpr. Ulp., f. 18, § 3, *Eod. tit.*).

En résumant tous ces développements, et en prenant les choses telles qu'elles s'offrent à nous dans le dernier état de la jurisprudence romaine, nous dirons qu'il y a responsabilité collective (obligation *in solidum*, solidarité imparfaite, obligation au tout), dans tous les cas où un dommage a été injustement causé à une personne par la faute commune de deux ou plusieurs autres : chacune d'elles est en faute : la responsabilité ne se divise pas : chacune d'elles doit la réparation intégrale du préjudice causé. Telle est la base , et l'unique base de cette seconde situation. Elle se sépare nettement, sous ce premier aspect, de la première, de la solidarité proprement dite (corréalité). Cette dernière a sa source dans la volonté humaine, qui imprime à un rapport juridique un caractère particulier. La solidarité est une modalité, une dérogation au droit commun, qui peut se rencontrer ou ne pas se rencontrer, mais qui, en tout cas, ne se présente jamais que dans les contrats et les legs : en ce sens, on peut dire que c'est quelque chose , sinon d'artificiel, au moins d'accidentel. La responsabilité collective découle d'un principe de raison , de la pluralité de fautes, qui engendre pluralité d'obligations : c'est quelque chose de naturel : étant donné la communauté de fautes, il y aurait méconnaissance du principe de justice à ne pas admettre la communauté de responsabilité. La responsabilité collective trouve son application dans toutes les obligations, quelle qu'en soit la source.

Les textes des lois romaines, loin de résister à cette distinction, la favorisent et trouvent tous avec elle leur explication. Dans les législations codifiées, la solidarité, modalité des obligations, a besoin d'être organisée : la responsabilité collective, expression d'un principe de raison, découlant de la nature des choses, trouve, nonobstant les textes qui diront que la solidarité ne se présume pas, un appui suffisant dans une formule comme celle des articles 1382 et 1383 du Code civil; et, si on se refuse à étendre ces articles aux personnes tenues contractuellement ou quasi-contractuellement, dans le principe de droit naturel, d'après lequel chacun doit répondre des fautes qui lui sont propres. MM. Aubry et Rau (t. IV, § 298 *ter*, notes 13 et 14) se sont, je crois, trompés en cherchant à étayer la responsabilité légale sur le second alinéa de l'article 1202, qui doit demeurer étranger à notre seconde situation, et M. Laurent, t. XVII, n°ˢ 313 et s., n°ˢ 318 et s., est plus loin encore de la vérité, en contestant, à défaut de textes, le principe de la responsabilité collective, de l'obligation au tout.

Cette théorie, que nous croyons avoir été celle des jurisconsultes romains, était déjà celle de Cujas et de Doneau. Le premier, dans deux passages de ses œuvres, distingue très nettement la solidarité véritable et l'obligation *in solidum*, et il indique le vrai caractère de chacune d'elles (édit. de Naples, tom. III, Observ., liv. XXVI, cap. 26, col. 751; tome VI, *ad leg.* 60, § 2 *mandati*, col. 709). Doneau (tome IX, col. 1354, édit. de Florence) vient de parler de la solidarité, qui s'établit par convention, par une clause expresse : « *Quod fit aperto consensu....... cum nominatim id agitur ut uterque in solidum obligetur;* » et il continue : « *Quod si apud duos res deposita sit simpliciter, aut duobus simpliciter commodata, duo quodammoro rei habebuntur, quia, ut in re indivisa, dolum et culpam et diligentiam et custodiam in totum præstare debent : revera duo rei non erunt.* » En Allemagne, cette distinction des deux sortes de solidarité, qui a été, je crois, mise surtout en relief par Ribbentrop (§§ 14 et 15), a été adoptée par l'immense majorité des jurisconsultes, à la tête desquels il faut placer

Savigny. Dans son *Traité de droit romain* (t. V, § 232 *in fine*) il annonçait sans développements la distinction ; il y revient et il l'expose avec détails dans son *Droit des obligations* (§§ 20 et s.). Nous ne connaissons qu'un auteur, M. Unger, qui, tout récemment, s'est écarté de la doctrine courante, et qui admet que l'obligation *in solidum*, la solidarité simple ou imparfaite peut résulter de la convention, constituer, comme la solidarité véritable, une modalité des obligations (*Revue de Ihering*, tom. XXXII).

En France, la doctrine romaine n'avait pas été aperçue par Pothier, qui, dans son *Traité des Obligations*, nᵒˢ 267 et 268 confond évidemment les deux espèces de solidarité. De Fresquet (*Traité élémentaire de droit romain*, p. 279) expose la vraie distinction. M. Demangeat, en 1858, a proposé un autre système que nous connaissons déjà : toutes les fois que l'action, qui sanctionne l'obligation due par plusieurs, ne sera pas une action de droit strict, une *condictio*, il ne pourra y avoir qu'obligation *in solidum*. Ce serait la nature de l'action, qui formerait le criterium de la distinction. Pour mettre cette opinion nouvelle en harmonie avec les textes, son auteur est obligé de faire violence au f. 9 *de duob. reis*, et d'affirmer que Papinien en disant « *fiunt duo rei promittendi non tantum verbis stipulationis, sed, et cæteris contractibus,* » n'entendait pas attacher les mêmes effets à la solidarité de la stipulation et à celle du dépôt. Il est obligé de donner une explication, quelque peu forcée, de la C. I. *de cond. furt.*, IV, 8, et d'admettre que dans les contrats de bonne foi la solidarité n'a pas besoin d'être expressément convenue, qu'elle peut résulter de l'ensemble des circonstances, que la bonne foi veut que l'oubli du créancier ne puisse lui être opposé.

Mais si l'équité le veut ainsi pour le créancier, elle veut le contraire pour le débiteur, et dans le doute, le contrat, de bonne foi ou de droit strict, s'interprète contre le créancier et en faveur du débiteur. En outre, le f. 1, § 43 *de pos.*, XVI, 3, sur lequel M. Demangeat appuie particulièrement son système, trouve son explication, toute naturelle, avec notre interprétation. Enfin, le système de M. Demangeat nous paraît avoir le grave défaut de confondre et d'assimiler deux situations absolument distinctes, celle d'une clause de solidarité, insérée dans un contrat pour fortifier les droits du créancier, et celle d'une faute commune commise par plusieurs.

M. Accarias (*Précis*, n° 556) part de cette idée que les jurisconsultes romains n'ont pas eu une vue bien nette de la simple solidarité, qu'ils ont procédé sans esprit de système, et que cette simple solidarité peut découler des faits les plus divers, exceptionnellement de faits délictueux, le plus souvent de la volonté des parties. Je crois avoir établi que c'est le contraire qui me paraît être la vérité, que l'obligation *in solidum* (simple solidarité) ne dérive jamais directement de la volonté de l'homme, et qu'elle a toujours son origine dans un fait délictueux *lato sensu*, dans une faute. Telle est également, en droit français, la doctrine de M. Demolombe (*Contrats et oblig.*, t. III, n°ˢ 279 et s., ainsi que la jurisprudence. Ch. civ., rejet, 14 mars 1882; Sirey, 1884. 1. 328).

De la notion de la responsabilité collective, de l'obligation *in solidum*, telle que nous l'avons présentée, découlent les effets qu'elle produit, et les différences avec l'obligation solidaire. Dans celle-ci la volonté des contractants ou du testateur imprime au rapport juridique un caractère d'unité, qui fait que la faute de l'un est, dans ses conséquences, garantie par les autres, que la prescription, qui est interrompue contre l'un, l'est contre tous, que l'*acceptilatio*, consentie à l'un, peut être invoquée par les autres, que la chose jugée vis-à-vis de l'un, l'est vis-à-vis de tous, et avant Justinien, que la poursuite exercée contre l'un, libère des autres. La base de la responsabilité collective est une faute commune, une imprudence ou une négligence imputable à tous : chacun doit l'indemnité à raison de sa faute. Il existe autant de sources d'obligations qu'il y a de fautes : l'obligation de chacun a sa cause qui lui est propre. La personne lésée a autant de créances et d'actions qu'elle a de personnes obligées. Seulement, comme il n'y a eu qu'un dommage causé, un préjudice éprouvé, le créancier, dès qu'il est rendu indemne par le paiement de l'un de ses débiteurs, ou dès qu'il se tient pour satisfait, ne peut plus rien réclamer à personne. « Il y a des obligations distinctes, dit M. Demangeat, p. 98, qui ont uniquement ce point de contact qu'il suffit d'un paiement pour les éteindre toutes. » Il en est de ce créancier comme de celui qui, pour la satisfaction du même intérêt, se trouve armé contre son débiteur de plusieurs droits et actions ; la victime d'un vol, qui aura la revendication et la *condictio furtiva*, l'associé qui, à la dissolution de la société, aura l'*actio pro socio* et l'*actio communi dividundo*, l'acheteur qui aura l'*actio redhibitoria* et l'*actio quanti minoris*.

Tout d'abord, à la différence de l'obligation solidaire, dans laquelle les codébiteurs sont, de droit commun et sauf convention contraire, garants de la faute les uns des autres, dans la responsabilité collective, ceux-là seuls qui sont en faute, sont obligés. La base, la cause génératrice de l'obligation pour chacun est la faute par lui commise : dès que l'un d'eux est exempt de faute, l'obligation ne prend pas naissance à sa charge. Voilà un caractère qui, dans les contrats conclus par plusieurs personnes, suffirait à lui seul pour conserver, même sous Justinien, sa raison d'être et son intérêt à la distinction de la solidarité et de la responsabilité collective. Il résulte soit implicitement, soit explicitement de plusieurs textes. Au f. 11 *ad leg. Aquil.*, xi, 2, le jurisconsulte Ulpien décide que quand plusieurs personnes ayant frappé l'esclave d'autrui, on parvient à démontrer quelle est celle dont le coup a tué l'esclave, celle-là seule sera tenue en vertu du chap. Ier de la loi : les autres ne seront punis que par application du chap. III. Au f. 1, § 43, *depost.*, xvi, 3, le même jurisconsulte suppose qu'une chose avait été confiée, sans clause de solidarité, à la garde de deux dépositaires : le déposant a agi contre l'un, mais il n'a pas pu établir qu'il y avait de sa part dol ou faute lourde : il a été débouté de sa demande. Il a le droit de se retourner contre l'autre, et d'essayer de prouver que le second doit être déclaré responsable à raison de son dol. L'empereur Antonin Caracalla (C. 2, *de contr. jud. tut.*, v, 58) n'accorde de recours au tuteur condamné envers le pupille, contre ses co-tuteurs, qu'autant qu'il a été condamné pour une faute commune à tous. S'il avait été déclaré responsable pour une faute à lui personnelle, lui seul devrait en supporter les conséquences : les autres seraient à l'abri de toute responsabilité. Il va de soi que l'un des débiteurs pourrait être coupable de dol, l'autre de faute seulement : le premier seul serait exposé à toutes les rigueurs qu'entraîne le dol.

Dans notre législation française, la même pensée et la même doctrine ne se dégagent-elles pas de la disposition de l'article 1734 du C. civ.? Les locataires de la même maison étaient solidairement responsables de l'incendie : mais ceux qui voulaient échapper à cette responsabilité avaient le droit de prouver, d'une certaine façon, qu'ils n'étaient pas en faute. La loi du 5 janvier 1883 a substitué à la responsabilité solidaire une responsabilité proportionnelle; mais elle a maintenu le tempérament. L'article 1033 C. civ. déclare les exécuteurs testamentaires solidairement responsables du compte du mobilier qui leur a été confié. Comme le disait très bien notre savant maître Valette, l'exécuteur poursuivi rend compte du mobilier et échappe à la condamnation, en démontrant qu'il a péri par la faute de son coexécuteur. Ici encore, comme dans l'article 1734, la disposition de l'article 1205, qui rend les codébiteurs solidaires responsables *parte in qua* de la faute les uns des autres, demeure sans application. Ne sont-ce pas là des arguments puissants en faveur de cette doctrine équitable, qui veut, aujourd'hui encore, reconnaître deux espèces de solidarité, ou plus exactement qui, à côté de la solidarité qui est une, admet des cas de responsabilité solidaire, qui ne sont plus régis par les articles 1200 et s. du C. civ., parce que ce sont des débiteurs *qui ne sont plus obligés à une même chose*. La Cour de cassation, Ch. civ. (arrêt du 29 déc. 1852; Sir., 53. 1. 91), a exigé, pour que les différents auteurs d'un quasi-délit, dans l'espèce, deux mandataires chargés de la même opération, fussent tenus solidairement, qu'ils eussent tous simultanément concouru à sa perpétration.

Si dans la responsabilité collective, chacun des auteurs est débiteur à raison d'un fait qui lui est propre, le créancier aura autant de droits que de débiteurs : l'objet de chacune de ces créances peut être matériellement le même, en supposant que la faute présente pour tous le même caractère de gravité : juridiquement, chacune de ces créances a son objet distinct : tous les débiteurs doivent *totidem* : ils ne doivent pas *idem* (Gide, *Novat.*, p. 139, note 1). De là découleront un certain nombre de conséquences.

La première, la seule peut-être qu'on puisse appuyer fermement sur les textes, il faut le reconnaître, est relative à l'effet de la *litis contestatio*, de la poursuite judiciaire, dirigée par le créancier contre l'un de ses débiteurs. Même avant Justinien, à l'époque où la *litis contestatio* épuisait le droit du créancier qui avait plusieurs *rei promittendi*, parce qu'il n'avait qu'une créance unique, le contrat judiciaire, conclu par un créancier avec l'un de ses débiteurs, collectivement ou solidairement responsables, n'exerçait à lui tout seul aucune influence sur ses actions contre les autres. Armé d'autant de droits et d'actions qu'il avait de débiteurs responsables du fait, il pouvait intenter autant d'actions, et la poursuite dirigée contre l'un n'avait aucun effet au profit des autres (Ulp., f. 11, § 2, *ad leg. Aq.* : « *Si cum uno agatur, cæteri non liberantur.* » Jul., f. 18, § 1, *De admin. et peric. tut.*, XXVI, 7 : « *Ex duobus tutoribus, si cum altero actum fuerit, alter non liberabitur*). » La libération ne se produit pour tous que quand le créancier a été intégralement désintéressé par l'un ou quelques-uns de ses débiteurs. Toutes les dettes étaient destinées à combler une brèche faite au patrimoine du créancier : une fois la brèche réparée, les dommages-intérêts payés, il n'y a plus de préjudice, et l'équité veut que le créancier ne puisse plus s'adresser aux autres. Les jurisconsultes romains expriment cela en disant : « *Non electione unius, non litis contestatione cum uno facta, sed solutione aut perceptione cæteri liberantur* » (Ulp., f. 1, § 4, D. II, 10; f. 1, § 10; f. 3, 4, *De his qui effud.*, IX, 3).

Le droit du créancier contre ceux qu'il n'a pas poursuivis, se trouve-t-il, par le paiement intégral de l'un, anéanti *ipso jure*, ou seulement paralysé *per exceptionem?* On peut discuter : avec Savigny, t. V, § 236, et Ihering, *De la faute*, traduct. p. 72 et 73, je serais porté à croire que le droit du créancier est seulement frappé de paralysie. Il en est de lui, je crois, comme du créancier qui, ayant un débiteur principal et cette espèce de caution appelée *mandator pecuniæ credendæ*, est payé par la caution : il garde *stricto jure* son droit contre le débiteur principal : car ces deux débiteurs ne devaient pas *idem* : mais s'il veut l'exercer, sa poursuite sera énervée par l'*exceptio doli* (Papin., f. 95. § 10, *De solut.*, XLVI, 3).

Ce que nous venons de dire de la *litis contestatio*, nous le dirons de la *res judicata* entre le créancier et l'un des débiteurs tenus *in solidum :* les autres ne peuvent ni invoquer le jugement d'absolution obtenu par l'un d'eux ni se voir opposer le jugement de condamnation rendu contre lui : *Ulp.,* f. 1, § 43, *Depos.,* suppose que l'un des dépositaires a été absous : le créancier conserve intact le droit d'agir contre l'autre. Il y aura là une autre différence entre la solidarité véritable et la responsabilité collective, si nous admettons que la chose jugée sur l'existence de la dette avec l'un des débiteurs solidaires doit avoir effet à l'égard des autres.

Nous proposerons une autre différence encore. La C. 5, *De duob. reis,* VIII, 40, a décidé que la prescription interrompue contre l'un des débiteurs solidaires le serait contre tous. Nous ne transportons pas cette règle à la responsabilité collective. L'empereur se sert des expressions *rei promittendi,* et les débiteurs obligés au tout, à raison d'une faute commune, ne sont pas des *rei promittendi.* On sait que c'est aujourd'hui une des différences entre les deux espèces de solidarité, pour ceux qui les admettent.

Nous refuserons également d'appliquer à la responsabilité collective la décision du f. 28, § 3, *De jurej.,* XII, 2, d'après lequel le serment prêté par l'un des *rei promittendi* profite aux autres. Le débiteur poursuivi a prêté le serment sur le fait de sa propre obligation : cette prestation de serment ne peut exercer aucune influence sur la responsabilité et l'obligation des autres.

Nous pensons enfin qu'il convient de n'attribuer ni à la novation, ni à l'*acceptilatio* conclues par le créancier avec l'un des débiteurs responsables *in solidum* l'effet absolu, radical que ces deux modes d'extinction produisent dans la vraie solidarité. Le principe en matière de responsabilité collective, est que tous les débiteurs ne sont libérés qu'autant que le créancier est payé, ou qu'il se tient pour satisfait (*solutum aut satisfactum*) à peu près comme dans la formule de l'action hypothécaire. Or la novation, l'*acceptilatio* n'impliquent pas toujours satisfaction pour le créancier qui les consent : la seconde surtout interviendra souvent *transactionis causa.* Si le créancier n'entend libérer que l'un de ses débiteurs, l'autre demeurera obligé, dans la mesure au moins dans laquelle il ne pourrait pas recourir contre son codébiteur : car le créancier, en libérant l'un d'eux, ne peut pas porter atteinte au droit que peuvent avoir les autres de recourir contre lui. C'est en ce sens que j'interprète deux textes qui nous disent que la transaction intervenue entre un pupille et l'un de ses tuteurs, ne peut pas être invoquée par les autres. Si la transaction avait été conclue par un simple *pactum de non petendo*, il n'y aurait pas de doute : la solution serait trop évidente. Si une décision a été nécessaire, c'est que presque certainement la transaction avait été *deducta in stipulationem*, et ensuite qu'il y avait eu *acceptilatio*. Ulp., f. 15, *De tut. et rat.*, xxvii, 3 ; — Anton., C. 1, *De transact.*, ii, 4 ; — (nec obstat, Paul, f. 45, *De adm. et per tut.*, xxvi, 7). En ce sens, Savigny, *Oblig.*, § 20, note *f*. — *Contrà :* Windscheid, *Pandekten*, § 298, note 6.

A un autre point de vue il y aura encore intérêt à séparer l'obligation au tout ou responsabilité collective de l'obligation solidaire. Tandis que jamais l'obligation solidaire ne se divise, malgré le créancier, entre les débiteurs, l'obligation au tout doit ou peut quelquefois se diviser.

Elle doit se diviser, toutes les fois qu'il est possible de discerner la part de chacun des auteurs du fait dommageable dans la perpétration de ce fait, la proportion dans laquelle chacun d'eux a contribué au préjudice. Chacun n'est plus responsable que dans la mesure de la faute par lui commise et jusqu'à concurrence du dommage par lui causé. Ainsi le décidait le jurisconsulte Ulpien, au f. 11, § 2, *ad leg. Aq.*, ix, 2 : plusieurs personnes ont frappé l'esclave d'autrui, et déterminé sa mort. Si celui qui a donné le coup mortel est connu, celui-là seul sera tenu en vertu du chapitre Ier de la loi. La doctrine et la jurisprudence modernes sont également en ce sens. Demolombe, *Oblig.*, t. III, n° 279. Civ., Cassat., 12 fév. 1879 ; Sir., 79. 1. 217.

L'obligation au tout peut se diviser, *æquitatis causa*, sur la demande de celui qui est poursuivi *in solidum*. S'il n'est pas coupable de dol, il peut obtenir le bénéfice de division. Ulp., f. 1, §§ 11 et 12, *De tut. et rat.*, xxvii, 3 ; Marcellus, f. 22, *Depos.*, xvi, 3. On éprouverait peut-être quelque hésitation à transporter cette décision dans une législation codifiée.

Si la base de la solidarité et celle de la responsabilité collective diffèrent autant que nous croyons l'avoir démontré, peut-être est-il juste, est-il utile de transporter dans les lois modernes la distinction qu'avait faite, suivant nous, la jurisprudence romaine. Si l'unité et la simplicité sont, en droit comme en toutes matières, choses désirables, elles ne doivent pas, ce semble, être obtenues aux dépens de l'équité. Or, n'est-il pas très dur que des personnes responsables à raison d'une faute commune, soient atteintes pour des faits auxquels elles sont demeurées complètement étrangères, que la demande en justice, dirigée contre l'une, fasse courir les intérêts et interrompe la prescription contre toutes? Et comme l'utilité veut qu'on conserve ces effets à la vraie solidarité, la solution du problème ne peut se trouver que dans le maintien, à côté de la solidarité proprement dite, de l'obligation *in solidum*, au tout, de la responsabilité collective.

BAR-LE-DUC, IMPRIMERIE CONTANT-LAGUERRE.

www.ingramcontent.com/pod-product-compliance
Ingram Content Group UK Ltd.
Pitfield, Milton Keynes, MK11 3LW, UK
UKHW021447090726
13657UKWH00003B/1260